"一带一路"国家知识产

U0500177

希腊
知识产权法

重庆知识产权保护协同创新中心
西南政法大学知识产权研究中心 ◎组织翻译

廖志刚　廖灵运◎译

易健雄◎校

知识产权出版社
全国百佳图书出版单位
—北京—

图书在版编目（CIP）数据

希腊知识产权法／重庆知识产权保护协同创新中心，西南政法大学知识产权研究中心组织翻译；廖志刚，廖灵运译. —北京：知识产权出版社，2025.2. —（"一带一路"国家知识产权法译丛）. —ISBN 978 – 7 – 5130 – 9770 – 3

Ⅰ. D954.534

中国国家版本馆 CIP 数据核字第 2025LD9648 号

内容提要

本书收录了希腊的著作权、邻接权和文化事务法，技术转移、发明和技术创新法，商标法的中文译本，详细介绍了希腊在知识产权保护方面的法律框架和实施细节。本书不仅可以帮助学者、法律从业者和企业管理者理解和掌握希腊知识产权保护的具体措施和政策，而且有助于他们研究和处理在希腊的法律事务和商业运营。本书可作为知识产权领域从业人员、高校法学院师生的工具书。

责任编辑：章鹿野　房　曦　　　　责任校对：潘凤越

封面设计：杨杨工作室·张　冀　　　责任印制：刘译文

希腊知识产权法

重庆知识产权保护协同创新中心
西南政法大学知识产权研究中心　　组织翻译

廖志刚　廖灵运　译

易健雄　校

出版发行：知识产权出版社有限责任公司		网　　址：http：//www.ipph.cn	
社　　址：北京市海淀区气象路 50 号院		邮　　编：100081	
责编电话：010 – 82000860 转 8338		责编邮箱：zhluye@163.com	
发行电话：010 – 82000860 转 8101/8102		发行传真：010 – 82000893/82005070/82000270	
印　　刷：三河市国英印务有限公司		经　　销：新华书店、各大网上书店及相关专业书店	
开　　本：720mm×1000mm　1/16		印　　张：9.25	
版　　次：2025 年 2 月第 1 版		印　　次：2025 年 2 月第 1 次印刷	
字　　数：158 千字		定　　价：75.00 元	

ISBN 978 – 7 – 5130 – 9770 – 3

序　言

————————

　　自我国于 2013 年提出"一带一路"倡议以来，我国已与多个国家和国际组织签署了 200 多份合作文件。"一带一路"倡议的核心理念已被纳入联合国、二十国集团、亚太经济合作组织、上海合作组织等诸多重要国际机制的成果文件中，成为凝聚国际合作共识、持续共同发展的重要思想。国际社会业已形成共建"一带一路"的良好氛围，我国也在基础设施互联互通、经贸领域投资合作、金融服务、人文交流等各项"一带一路"建设方面取得显著成效。国家也号召社会各界对加入"一带一路"建设的各个国家和国际组织的基本状况、风土人情、法律制度等多加介绍，以便相关人士更好地了解这些国家和国际组织，为相关投资、合作等提供参考。

　　基于此背景，重庆知识产权保护协同创新中心与西南政法大学知识产权研究中心（以下简称"两个中心"）响应国家号召，结合自身的专业特长，于 2017 年 7 月启动了"一带一路"国家知识产权法律的翻译计划。该计划拟分期分批译介"一带一路"国家的专利法、商标法、著作权法等各项知识产权法律制度，且不做"锦上添花"之举，只行"雪中送炭"之事，即根据与中国的经贸往来、人文交流的密切程度，优先译介尚未被翻译成中文出版的"一带一路"国家的知识产权法律制度，以填补国内此类译作的空白。确定翻译方向后，两个中心即选取了马来西亚、斯里兰卡、巴基斯坦、哈萨克斯坦、以色列、希腊、匈牙利、罗马尼亚、捷克、澳大利亚等十国的专利法、商标法、著作权法作为翻译对象。第一期的专利法、第二期的商标法、第三期的著作权法翻译工作已经完成，并先后于 2018 年 10 月、2021 年 7 月、2023 年 7 月各出版两辑。六辑译作出版后，得到了良好的社会评价，《中国知识产权

报》在 2022 年 1 月 14 日第 11 版和 2023 年 8 月 18 日第 11 版分别对该译作作了专题报道。

2018 年 10 月至今，十国知识产权法多有修订之处，同时为了方便读者集中查询一国专利、商标、著作权等知识产权法律规定，两个中心随即以前三期翻译工作为基础，启动了第四期以国别为单位的翻译工作，并确定由各国专利法、商标法、著作权法的原译者分别负责该国知识产权法律的译介工作，包括根据相关法律最新修订文本重新翻译、对该国的知识产权法律状况作一整体的勾勒与评价等。该项工作历经前期整理、初译、校对、审稿、最终统校等多道程序后，终于完成，以国别为单位分成十本图书出版，"国名 + 知识产权法"即为书名。

众所周知，法条翻译并非易事。尽管译校者沥尽心血，力求在准确把握原意基础之上，以符合汉语表达习惯的方式表述出来，但囿于能力、时间等各方面因素，最终的译文恐仍难完全令人满意，错漏之处在所难免。在此恳请读者、专家批评指正。无论如何，必须向参与此次译丛工作的师生表示衷心的感谢。按国别对译者记录如下：牟萍（马来西亚），王广震（斯里兰卡），马海生（巴基斯坦），田晓玲、陈岚、费悦华（哈萨克斯坦），康添雄（以色列），廖志刚、廖灵运（希腊），秦洁、肖柏杨、刘天松、李宇航（匈牙利），郑重、陈嘉良、黄安娜（罗马尼亚），张惠彬、刘诗蕾（捷克），曹伟（澳大利亚）。此外，易健雄老师承担了此次翻译的主要组织工作，并为译稿作了最后的审校。最后，感谢知识产权出版社的大力支持，使译稿得以出版。

2024 年是共建"一带一路"奔向下一个金色十年的开局之年。唯愿这四期"一带一路"国家知识产权法律翻译工作能为"一带一路"的建设稍尽绵薄之力，在中国式现代化建设中实现两个中心的专业价值。

重庆知识产权保护协同创新中心
西南政法大学知识产权研究中心
2024 年 11 月 26 日

前　言

希腊位于欧洲巴尔干半岛最南端，首都为雅典。

希腊现行宪法于 1975 年 6 月 11 日生效，后于 1986 年、2001 年、2008 年、2019 年依次进行修订。

希腊加入的与知识产权相关的国际组织和国际公约如下。

第一，世界知识产权组织（WIPO）和世界贸易组织（WTO）。

希腊于 1967 年 7 月 14 日签署《建立世界知识产权组织公约》，该公约于 1976 年 3 月 4 日对希腊生效。希腊于 1995 年 1 月 1 日加入世界贸易组织。

第二，希腊加入的主要知识产权国际公约和多边协定。

《视听表演北京条约》《保护文学和艺术作品伯尔尼公约》《世界版权公约》《关于播送由人造卫星传播载有节目的信号的公约》《国际承认用于专利程序的微生物保存布达佩斯条约》《工业品外观设计国际注册海牙协定》《保护原产地名称及其国际注册里斯本协定》《建立工业品外观设计国际分类洛迦诺协定》《商标国际注册马德里协定有关议定书》《关于为盲人、视力障碍者或其他印刷品阅读障碍者获得已出版作品提供便利的马拉喀什条约》《保护奥林匹克会徽内罗毕条约》《商标注册用商品和服务国际分类尼斯协定》《保护工业产权巴黎公约》《专利合作条约》《专利法条约》《保护录音制品制作者防止未经许可复制其录音制品公约》《保护表演者、录音制品制作者和广播组织的国际公约》《国际专利分类斯特拉斯堡协定》《商标法条约》《世界知识产权组织版权条约》《世界知识产权组织表演和录音制品条约》《生物多样性公约》《与贸易有关的知识产权协定》等。

希腊与知识产权相关的主要法律法规如下。

第一，著作权领域。

希腊著作权、邻接权和文化事务法，于 1993 年 3 月 4 日生效。

关于著作权和邻接权的集体管理、音乐作品在欧盟内部市场网络使用的多地许可及文化体育部管理的其他事项的法律，于 2017 年 7 月 20 日生效。

第二，专利权领域。

希腊技术转移、发明和技术创新法，1987 年 11 月 20 日根据第 1739/1987 号法律修订。

关于国防专利和 1920 年专利法修正的法律，于 1963 年修订并颁布施行。

第三，商标权领域。

希腊商标法，于 2012 年 4 月 11 日颁布。

第四，其他领域。

希腊也制定了关于外观设计、地理标志、植物新品种保护、商号、文化遗产、商业秘密、传统文化表达、人用药品生产和销售、集成电路布图设计、市场竞争、域名、遗传资源、传统知识等方面的法律法规。

译　者

2025 年 1 月

译者简介

廖志刚，博士，西南政法大学教授、硕士研究生导师；国家知识产权战略专家库成员，贵州省法学会知识产权法学研究会顾问，贵阳仲裁委员会仲裁员，知识产权司法鉴定人，校级教学督导。长期从事民商法和知识产权法教学和科研工作，曾开设"国际知识产权法"、"知识产权国际保护"和"英美侵权行为法"等双语课程，并长期或短期赴多国访问讲学和参加学术研讨会。主持完成重庆市级基地重点研究项目"数据挖掘中的知识产权风险评估及法律应对"和校级重点课题"知识产权贸易法律制度"的研究工作。

廖灵运，西南政法大学硕士研究生，上海外国语大学英语语言文学学士，瑞士纳沙泰尔大学交换生。曾多次获得校级奖学金。主持过校级大学生创新创业项目，参加过重庆市社会科学规划重点阐释项目等活动。

出版说明

重庆知识产权保护协同创新中心和西南政法大学知识产权研究中心于2017年组织开展了"一带一路"建设主要国家知识产权法律法规的翻译工作，形成了这套"'一带一路'国家知识产权法译丛"，凝聚了两个中心众多专家学者的智慧和心血。

本套丛书采用国家分类的编排方式，精选"一带一路"建设主要国家最新的知识产权法律法规进行翻译，包括著作权法、专利法、商标法等，旨在为中国企业、法律工作者、研究人员等提供权威、准确的法律参考，助力"一带一路"建设。然而，由于各国法律体系、文化背景、语言习惯上的差异，其知识产权法律法规的翻译工作也面临着诸多挑战，例如有些国家法律文件的序号不够连贯。有鉴于此，在本套丛书翻译和编辑出版过程中，对遇到的疑难问题、文化差异等，会进行必要的注释说明，帮助读者更好地理解原文。本套丛书翻译过程中始终坚持以下原则。

第一，以忠实原文为第一要义，力求准确传达原文含义，避免主观臆断和随意增减。在翻译过程中，各位译者参考了大量权威法律词典、专业文献和案例，确保术语准确、表述规范。

第二，充分尊重各国法律体系和文化背景的差异，在忠实原文的基础上，尽量保留原文的语言风格和表达方式。

第三，在保证准确性的前提下，力求译文通顺流畅、易于理解，方便读者阅读和使用。

真诚期待各位读者对本套丛书提出宝贵意见。

目 录 *

著作权、邻接权和文化事务法

技术转移、发明和技术创新法

＊ 此目录由本书收录的法律文件正文提取，序号遵从原文，仅便于读者查阅。——编辑注

商标法

著作权、邻接权和文化事务法

· 第 2121/1993 号法律·

著作权、邻接权和文化事务法[*]

（官方公报 A' 25 1993，生效日期：1993 年 3 月 4 日）

第 2121/1993 号法律已经更新，包含所有最新修订和补充。第 5043/2023 号法律［政府公报（FEK）A' 91/13.04.2023］引入了最新修订。

第 1 章　著作权的客体和内容[**]

第 1 条　著作权

（1）基于作品的创作，作者应享有该作品的著作权，其中包括作为排他权和绝对权的对作品进行利用的权利（财产权）以及保护其与作品的人身关系的权利（人身权）。

（2）上述权利应包括本法第 3 条和第 4 条规定的授权。

第 2 条　著作权的客体

（1）作品，是指以任何形式表达的智力原创文学、艺术和科学作品，特别是书面或口头文本、有歌词或无歌词的音乐作品、有伴音或无伴音的戏剧作品、舞蹈和哑剧、视听作品、美术作品（包括图画、绘画和雕塑作品、雕刻和版画作品、建筑和摄影作品、实用艺术作品）、插图、地图和与地理、地形、建筑或科学有关的三维作品。

（2）此外，作品还应包含作品或民间文学艺术表达的翻译、改编、整理和其他演绎，以及作品集或者民间文学艺术表达或简单事实和数据的集合（如百科全书和文集），但其内容的选择或安排必须具有独创性。对本款所列作品给予的保护，不应以任何方式损害作为改编或汇编对象的原有作品中的权利。

---

[*]　本译文根据世界知识产权组织官网公布的希腊共和国（以下简称"希腊"）著作权、邻接权和文化事务法英语版本翻译，同时参照了希腊版权组织官网公布的相关英语版本法律法规。——译者注

[**]　本书各法律文本的层级的序号排列均遵从原文，未作修改。——译者注

· 3 ·

（2a）数据库因其内容的选择或安排而构成作者的智力创造的，应受著作权的保护。著作权保护不应延及数据库的内容，且不得损害该等内容本身存在的任何权利。数据库，是指以系统或有组织的方式排列的单独作品、数据或其他材料的集合，可通过电子或其他方式分别检索。

（3）在不损害本法第7章规定的情况下，计算机程序及其准备性设计资料应被视为著作权保护意义上的文学作品。本法规定的保护适用于计算机程序的任何形式的表达。构成计算机程序任何要素的思想和原则，包括构成其界面的思想和原则，不受本法保护。如果计算机程序具有独创性，即它是作者的个人智力创造，则应受到保护。

（4）根据本法提供的保护应当适用，而不论作品的价值及目的如何，也不论该作品是否可能根据其他规定受到保护。

（5）本法规定的保护不适用于表现国家机关的官方文本，特别是立法、行政或司法文件，也不适用于民间文学艺术表达、新闻信息或单纯事实和数据。

第3条　财产权

（1）财产权应明确规定作者有权许可或禁止下列行为：

（a）固定和以任何方法、任何形式、全部或部分、直接或间接、临时或永久复制其作品。

（b）对其作品进行翻译。

（c）对其作品进行编排、改编或其他改动。

（d）通过销售或其他方式以任何形式向公众发行其作品的原件或复制件。只有权利人或经其同意在欧洲共同体内首次销售或以其他方式转让原件或复制件的所有权的情况下，发行权才会在欧洲共同体内用尽。

（e）出租其作品原件或复制件。该等权利不因作品原件或复制件的任何销售或其他发行行为而用尽。该等权利不适用于建筑作品和实用艺术作品。出租是指在一定期限内为直接或间接的经济或商业利益进行的使用处分。此外，音像作品的作者有权按照本法第5A条第（1）款的规定允许或禁止作品原件或复制件的公共借阅［经第5043/2023号法律第67条第（1）款修订］。

（f）公开表演其作品。

（g）通过电台和电视台，以无线、电缆、任何种类的电线或任何其他方式，平行于地球表面或通过卫星向公众广播或转播其作品。

（h）以有线或无线方式或任何其他方式向公众传播其作品，包括向公众提供其作品，使公众可以在其个人选择的地点和时间获取该等作品。该等权利不应因本条规定的任何向公众传播的行为而用尽。

（i）未经创作者同意进口其作品在国外制作的复制件，或者从欧洲共同体以外的国家进口其作品的复制件，而在希腊进口该复制件的权利已由作者通过合同保留。

（2）当作品通过使用、表演或展示，使一个比作者狭小的家庭和直接社交圈更广泛的人群可能获取时，应被视为"公开"，而不论该更广泛圈子中的人是在相同还是不同的地点。

（3）数据库的作者应对下列行为享有实施或许可实施的专有权：

（a）以任何方法和任何形式临时或永久复制全部或部分内容；

（b）翻译、改编、安排和任何其他改动；

（c）以任何形式向公众发行数据库或其复制件，由权利人或经其同意在欧洲共同体内首次出售数据库的复制件，应使控制该复制件在欧洲共同体内转售的权利用尽；

（d）向公众进行任何传播、展示或表演；

（e）对公众复制、发行、传播、展示或表演（b）项所述行为的成果。数据库或其复制件的合法用户为获取数据库内容，以及合法用户正常使用数据库内容所必须实施的上述任何行为，无须获得数据库作者的授权。合法使用者仅获授权使用部分数据库的，本条款仅适用于该部分。任何违反前两句规定的协议均属无效。

（4）不允许为私人用途复制电子数据库。

（5）第21A条、第21B条和第22A条规定的著作财产权的例外和限制应适用于第（3）款（a）项规定的数据库作者的复制权。第21条第（2）款至第（4）款规定的限制适用于第（3）款（a）、（b）、（d）和（e）项下数据库作者的权利〔经第4996/2022号法律第28条补充；第2019/790号指令（欧盟）第3条第（1）款、第4条第（1）款、第5条第（1）款和第6条〕。

第3A条　通过直接输入的方式传输载有节目的信号

（1）直接输入是指广播组织将其节目承载信号传输至广播组织以外的组织的技术过程，在传输过程中公众无法获取节目承载信号。

（2）当广播组织通过直接输入的方式向信号分发者传输其载有节目的信号，而广播组织本身没有直接向公众同时传输其节目，并且信号分发者向公众传输这些信号时，则视为广播组织和信号分发者仅参与了一次向公众传播的行为。为此，他们应获得权利人的许可。

（3）如果信号分发者仅向广播组织提供技术手段，以确保或改善广播的接收，则不应被视为参与第（2）款所规定的向公众传播的行为。

（4）广播组织和信号分发者根据第（2）款参与向公众进行的单一传播行为，不应对此等向公众传播的行为承担连带责任〔经第 4996/2022 号法律第 4 条补充；第 2019/789 号指令（欧盟）第 2 条第（4）款和第 8 条第（1）款〕。

第3B条　辅助在线服务——原属国原则

（1）"辅助在线服务"是指由广播组织或在其控制和负责下，该广播组织在广播或播出电视节目的同时或一段时间内，向公众提供的在线服务，以及该广播的任何辅助材料。"辅助在线服务"的概念还包括这样一种服务，尽管其与广播具有明确的从属关系，但用户可以与广播服务分开使用该服务，无须用户通过诸如订阅等方式来获得对该广播服务的访问权。

（2）以有线或无线方式向公众传播和向公众提供作品或其他受保护客体的行为，使公众成员可以在其个人选择的地点和时间访问这些作品，这种行为发生在：

（a）向公众提供广播节目；和

（b）电视节目时，包括：

（i）新闻和时事节目；或

（ii）完全由广播组织自有资源制作的、由广播组织或由其自己控制和负责的辅助在线服务，以及该等作品或其他客体的复制行为——对于提供该在线服务、访问该在线服务或将其用于同一节目而言，都是必要的保护事项；对这些行为行使著作权和邻接权而言，这些行为仅发生在该广播组织的主要业务所在地。广播机构完全自筹资金制作的，包括广播机构用于制作的融资资金来自公共资源的情况，但广播机构分配给与该组织有相互依存关系的制片人和合作制片人制作的作品除外。（b）项第一句情形不适用于体育赛事的广播，也不适用于其中包括的作品和其他受保护的客体。

（3）在依据第（2）款所确定的适用原属国原则的权利应支付的报酬金额时，双方应考虑辅助在线服务的所有方面，例如服务的功能，包括该服务中包含的节目在线提供的持续时间、观众和订户数量，以及提供服务的语言版本。第一句不应排除根据广播组织的收入计算支付金额。

（4）第（2）款规定的原属国原则不应损害权利人和广播组织同意限制本条第（2）款和第 3057/2002 号法律（A' 239）第 81 条规定的权利的利用的合同自由［经第 4996/2022 号法律第 5 条补充；第 2019/789 号指令（欧盟）第 2 条第（1）款和第 3 条第（1）款、第（2）款和第（3）款］。

第 4 条　人身权

（1）人身权应特别赋予作者下列权利：

（a）决定发表作品的时间、地点和方式；

（b）要求承认其作为作品作者的身份，特别是在可能的情况下，在其作品的复制件上注明其姓名，并在公开使用其作品时标注其姓名，或者相反，如果其愿意，以匿名或假名展示其作品；

（c）禁止对其作品进行任何歪曲、割裂或其他修改，禁止因公开展示作品而对作者产生任何冒犯；

（d）接触其作品，即使该作品的财产权或该作品的物质载体属于他人；系后一种情况的，应在尽量减少对权利人损害的前提下接触该作品；

（e）就文学或科学作品而言，作者认为由于其信仰或情况的改变，为保护其人格而有必要采取此种行动的，可解除以其作品为标的的财产权转让合同、利用合同或许可，但须向合同另一方支付损害赔偿金，以弥补其遭受的金钱损失。

（2）前款最后一种情形，合同的解除自支付损害赔偿后生效。在解除合同后，作者再次决定转让财产权，或允许利用该作品或类似作品的，必须优先给予原合同另一方机会，以与解除合同时有效的条款相同或类似的条款重新订立原合同。

（3）人身权应独立于财产权，即使在财产权转让之后，人身权仍属于作者。

第 5 条　转售权——追续权

（1）原创艺术作品的作者享有转售权，即一项在生存者之间无法转让的权利，也不能事先放弃，在其首次转让作品后，有权根据作品任何转售所获得的价金收取版税。该权利应适用于所有涉及卖方、买方或中介艺术品市场

专业人员（如拍卖场、美术馆及通常意义上的任何艺术品交易商）的所有转售行为。版税应由卖方支付。当涉及中介艺术品市场专业人员时，其应与卖方分担支付版税的责任［第2001/84号指令第1条第（1）款、第（2）款和第（4）款］。

（2）原创艺术作品，是指图形或造型艺术作品，如图片、拼贴画、绘画、绘图、雕刻、版画、石版画、雕塑、挂毯、陶器、玻璃器皿和照片，只要其是由艺术家本人制作或被视为原创艺术作品的复制件。就转售权而言，由艺术家本人或在其授权下制作数量有限的艺术作品复制件应被视为原创艺术作品。该等复制件通常会有编号、签名或以其他方式获得艺术家的正式授权（第2001/84号指令第2条）。

（3）第（1）款规定的版税应按下列费率确定：

（a）售价50000欧元及以下的，按5%支付；

（b）售价50000.01—200000欧元的，按3%支付；

（c）售价200000.01—350000欧元的，按1%支付；

（d）售价350000.01—500000欧元的，按0.5%支付；

（e）售价超过500000欧元的，按0.25%支付。

无论如何，版税总额不得超过12500欧元（第2001/84号指令第3条和第4条）。

（4）前款所述售价为税后净额（第2001/84号指令第5条）。

（5）上述规定中的版税应支付给作品作者，或在其死亡后支付给其权利继受人。

（6）对于第（2）款所述类别作品的转售权，其管理和保护可以委托依据文化部决议运作的集体管理组织（第2001/84号指令第6条）。

（7）转售后3年内，受益人和集体管理组织可要求第（1）款所述任何艺术品市场专业人员提供任何必要的资料，以确保支付与转售有关的版税。希腊视觉艺术协会也有权获取信息（第2001/84号指令第9条）。

（8）转售权的保护期应与本法第29条第（1）款和第（2）款、第30条第（1）款和第（2）款以及第31条第（1）款和第（2）款的规定一致［第2001/84号指令第8条第（1）款］。

（9）身为第三国国民的作者及其权利继承人，只有在作者或其权利继承人所属国家的立法允许希腊作者或来自其他欧盟成员国的作者及其权利继承人在该国享有转售权保护的情况下，才可根据本国法律享有转售权。非成员国国民但在希腊拥有惯常居所的作者也应享有转售权。

第5A条 公共借阅——授权条款

（1）依照第（2）款至第（6）款的规定，允许合法出版作品物质载体的合法所有者，特别是图书馆、磁盘和影片资料馆，向公众公开出借该等物质载体，但包含视听作品和广播电视播放的声音和图像的载体除外。"公共出借"是指上述机构向公众开放可处分的作品，供其在有限的时间内使用，且不以直接或间接的经济或商业利益为目的［经第5043/2023号法律第67条第（2）款修订］。

（2）第（1）款规定的实体应支付合理的公共借阅报酬，该报酬必须支付给第（4）款规定的权利人集体管理组织。中小学公立教育机构图书馆（学校图书馆）以及属于希腊学术图书馆链接成员的学术图书馆的公共借阅，免除支付报酬的义务。

（3）由国家或地方当局拥有、监督或补贴的机构（OTA）所承担的合理报酬义务，作为所有权利人的总额，每年为35万欧元，因此，75%由内政部支付，25%由教育和宗教事务部支付。第一句的合理报酬不计入增值税和任何其他保留金中。恢复合理报酬所需的程序、文件和有关的付款权属由财政部部长、教育和文化事务部部长、文化部部长以及内政部部长的联合决定确定。根据类似的决定，合理薪酬水平应每3年更新一次。付款责任人、文件和付款程序以及任何其他相关问题可以通过第四句的决定来确定。合理费用数额的确定及其调整的标准是文化推广的目标、出版业的营业额、图书馆总数、年度经费、藏书总数、借阅总数以及国际贸易惯例，并根据希腊人口和国内生产总值的情况进行调整。

（4）文学作品公共借阅的报酬，70%分配给作者，特别是作家、翻译家、摄影师和视觉作品作者，30%分配给出版者。对于录音制品的公共借阅，上述报酬的55%分配给作者，30%分配给歌手（表演者），15%分配给录音制品制作者。在前3年里，报酬仅分配给权利人（智力成果创作者和出版物的出版者）。公共借阅录音制品的报酬支付及其水平可根据第（3）款第四句［经第5043/2023号法律第67条第（3）款修订］规定的决策方式确定。

（5）该报酬必须支付给主管集体管理组织，其支付免除与公共借阅有关的任何其他义务。报酬在权利人组织之间的分配办法由权利人组织之间通过

协议确定。如果双方在 2023 年 4 月 30 日之前未达成协议，则在第（3）款第三句的决定公布后 90 天内，由希腊版权组织（HCO）作出分发决定。希腊版权组织的决定应根据有关集体管理组织的意见、诚信公平做法以及国际和欧盟层面遵循的惯例制定。集体管理组织若不同意希腊版权组织的决定，可向雅典独任初审法院请求，以临时措施确定另一种分配方案。

（6）通过向非国家或地方当局定期资助的公益机构、组织和教育机构的公共图书馆进行公共借阅的，也应支付报酬，其金额应由机构及其实体与集体管理组织商定。如果双方在 2023 年 4 月 30 日之前仍未达成协议，任何一方均可请求雅典独任初审法院通过临时措施确定报酬金额。第（3）款适用于确定报酬的标准，第（4）款和第（5）款适用于报酬的分配［经第 4996/2022号法律第 34 条补充；第 2006/115 号指令（欧盟委员会）第 2 条第（1）款（b）项，第 5 条和第 6 条］。

第2章　著作权的原始主体

第6条　原始权利人
（1）作品的财产权和人身权的原始权利人是该作品的作者。
（2）上述权利归属于作品的作者，无须履行任何手续。

第7条　合作作品、集合作品和编辑作品
（1）合作作品，是指任何由两个或两个以上作者直接合作完成的作品。合作作品的财产权和人身权的原始权利人应是该作品的合作作者。除另有约定外，权利由合作作者共有。

（2）集合作品，是指在一个自然人的智力指导和协调下，通过若干作者的独立贡献而创作的任何作品。该自然人是集合作品的财产权和人身权的原始权利人。每位作出贡献的作者应是其贡献部分的财产权和人身权的原始权利人，只要该部分能够被单独利用。

（3）编辑作品，是指由单独创作的各部分组成的作品。各部分的作者应为编辑作品权利的原始共同权利人，且每位作者应为编辑作品中其所创作部分的排他性原始权利人，只要该部分能够被单独利用。

第8条　雇员创作的作品
作品是由雇员在履行雇佣合同过程中创作的，该作品的财产权和人身权

的原始权利人应是该作品的作者。除非合同另有约定，否则只有为实现合同目的所必需的财产权才应单独转移给雇主。

除非合同另有约定，否则公共部门或公法法律实体的雇员在任何工作关系下为履行其职责所创作的作品的财产权应依法转移给雇主。

第9条 视听作品

视听作品的主要导演视为其作者。

第10条 推 定

（1）其姓名以通常表示作者身份的方式出现在作品复制件上的人，应推定为该作品的作者。出现的姓名是笔名的，只要该笔名不会对确认该人的身份引发疑问，则同样适用。

（2）对于集合作品、计算机程序或视听作品，其姓名或名称以通常用来表明权利人的方式出现在该作品的复制件上的自然人或法人，应被推定为该特定作品的著作权人。

（3）第（1）款应参照适用于与其受保护客体有关的著作权人，以及享有特别权的数据库创作者〔第2004/48号指令第5条（b）项〕。

（4）第（1）款及第（2）款所述推定，可由相反证据推翻。

第11条 拟制原始权利人

（1）合法地向公众提供匿名或笔名作品的人，视为对第三方的财产权和人身权的原始权利人。当作品的真正作者透露其身份时，就获得在拟制权利人行为所造成的状态下的上述权利。

（2）在前款规定的情况下，人身权应属于拟制权利人，因为这与其身份相符。

第3章 权利的转让、利用和行使

第12条 转 让

（1）财产权可以于在世者之间转让，也可以因其死亡而转让。

（2）人身权不得于在世者之间转让。作者死亡后，人身权应传给其继承人；继承人应按照作者的意愿行使权利，前提是该意愿应明确表达。

第 13 条　使用合同和许可

（1）作品的作者可以订立合同，借此将财产权委托给合同另一方（使用合同）。合同另一方承担行使受托权利的义务。

（2）作品的作者可以授权他人行使财产权（使用许可）。

（3）使用合同和许可可以是排他性的或非排他性的。排他性使用合同和许可应授权合同另一方在排除任何第三人的情况下行使合同或许可所赋予的权利。非排他性使用合同和许可应给予合同另一方行使合同或许可所赋予的权利，与作者和其他合同当事人并行。在没有相反协议的情况下，当其所行使的权利遭受第三方非法侵害时，合同另一方有权以自己的名义寻求法律保护。

（4）如果对使用合同或许可的排他性存疑，该合同或许可应视为非排他性。

（5）合同或许可在任何情况下都不得就作者未来作品授予任何绝对权利，也不得被视为涉及合同订立之日未知的使用形式。

（6）未经作者同意，对作品进行利用或可能利用之人的权利不得于在世者之间转让。

第 14 条　法律行为的形式

涉及财产权的转让、使用权的转让或许可以及人身权的行使，非经订立书面合同，均属无效。无效请求只能由作者提出。

第 15 条　转让及使用合同和许可的范围

（1）财产权的转让及使用合同或许可利用该权利的合同，可限制其所赋予权利的范围和期限、地理适用范围及利用的程度或方式。

（2）转让或使用合同或许可未对期限作出明确约定的，除惯例另有规定外，其期限应被视为限于 5 年。

（3）转让或使用合同或许可未对地理适用范围作出明确约定的，上述法律行为应被视为适用于履行该等行为的国家。

（4）未明确约定转让、利用或者许可涉及的程度和方式的，应当认为上述行为是指实现合同或者许可目的所必需的程度和方式。

（5）在所有涉及转让财产权或授予独占使用许可的情况下，取得权利或许可的人应确保在合理的期限内，通过适当的利用形式使该作品为公众所获取。

第 15A 条　透明度义务

（1）作为作者权利被许可使用人或受让人的自然人、法人或其合法继承人，有义务定期向作者提供最新的相关和充分信息，无论如何至少每年一次，同时考虑各个行业的具体情况，涉及其作品的利用和推广，特别是关于利用方式、所产生的所有收入和应得的报酬。

（2）当第（1）款所述权利随后被许可时，如果作者的第一合同相对人不拥有或未提供第（1）款所需的全部信息，则作者或其特别代表应根据其请求，从分许可方和其他继受人处获取补充信息。如果要求提供补充信息，作者的第一合同相对人应提供有关这些分许可方身份的信息。作者可以直接或通过合同相对人间接向分许可方提出任何请求。

（3）第（1）款规定的义务应适当且有效，以确保各当事方的高透明度。在有正当理由的情况下，如果第（1）款规定的义务所造成的行政负担与作品利用所产生的收益不成比例，则透明度义务仅限于在类似情况下可以合理预期的信息类型和水平。

（4）第（1）款规定的义务不适用于下列情况：

（a）就整体作品或表演而言，作者的贡献并不显著，除非作者证明他或她需要信息以行使其在第 32A 条下的权利，并以此为目的的请求信息；

（b）第 4481/2017 号法律（A' 100）第 25 条适用于向权利人提供与权利管理有关的信息，涉及集体管理组织和独立管理实体以及第 4481/2017 号法律范围内的所有实体向作者和其他权利人提供信息。

（5）对于受集体谈判达成的协议约束的许可、使用合同或为利用作品而转移经济权利的合同，应适用集体谈判达成的相关协议的透明度规则，只要这些规则符合第（1）款至第（4）款规定的标准。

（6）任何妨碍执行的协议均属无效。无效请求只能由作者提出［经第 4996/2022 号法律第 22 条修订；第 2019/790 号指令（欧盟）第 19 条和第 23 条第（1）款］。

第 15B 条　撤销权

（1）作者出于使用目的排他性地许可或者转让其对作品或者其他受保护

客体的经济权利的，他或她有权全部或者部分撤销许可或者权利的转让，或者在未使用该作品或者其他受保护客体的情况下终止合同的排他性。

（2）第（1）款规定的撤销或终止合同排他性的权利，只有在排他性许可缔结或权利转让后一段合理时间后才能行使。作者应通知其交易对方并设定适当的期限，在该期限内实施包含独占许可或转让合同标的物的权利。

（3）如果作品包括不止一位作者的贡献，则考虑到作品的总量，在单个作者贡献不重要的情况下，排除单个作者行使第（1）款规定的权利。

（4）撤销权不适用于电影和一般视听作品。

（5）如果没有利用主要是由于可以合理地期望作者加以补救的情况造成的，则不适用第（1）款。

（6）任何减损第（1）款规定的撤销机制的合同条款，只有基于集体谈判达成的协议的情况下才有效〔经第 4996/2022 号法律第 25 条补充；第 2019/790 号指令（欧盟）第 22 条〕。

第 16 条 作者对行使人身权的同意

作者对本来会构成对其人身权的侵犯的作为或不作为表示同意，应被视为行使其人身权的一种形式，并对其具有约束力。

第 17 条 物质载体的转让

除非事先与财产权的原始权利人订有相反的书面协议，否则将作品纳入其中的物质载体所有权的转让，不论是原件还是任何形式的复制件，均不构成著作权的转让，也不赋予新的所有人任何利用作品的权利。

第 4 章 对财产权的限制

第 18 条 供个人使用的复制

（1）在不影响下列各款的前提下，可以不经作者同意且不支付报酬，允许复制合法出版的作品，但该复制意在供使用者自己个人使用。"个人使用"不包括企业、服务机构或组织的使用。

（2）为个人使用而进行复制的权利，不适用于该行为与作品的正常利用相冲突的情况，或作者的合法利益受到损害的情况，特别是：

（a）复制的是建筑物或任何类似建筑形式的建筑作品；

（b）使用技术手段复制以有限数量发行的美术作品，或者复制音乐作品的图形表示。

（3）为免费复制作品供个人使用而利用技术手段，如录音机或录像机或者音像机、磁带或其他适合复制声音或图像或者声音和图像的材料，包括数字复制设备和媒介（特别是 CD－RW、CD－R、DVD 和容量超过 4GB 的其他存储介质）、计算机、便携式电子设备（平板电脑）、智能手机、仪器或组件（不论其操作是否属于计算机范畴并用于数字拷贝、转录或以任何其他方式复制）、复印机和适用于复印的纸张、扫描仪和打印机，除拟出口物品外，均应向作品创作者和本条规定的邻接权人支付合理报酬。合理报酬按下列方式确定：

（a）计算机、便携式电子设备（平板电脑）和智能手机的应得报酬定为其价值的 2%。［经第 4961/2022 号法律第 53 条第（2）款（b）项修订］该报酬应在作者、表演者或者表演艺术家、录音磁带或其他声音或图像或者声音和图像记录介质的制作者以及印刷品的出版者之间分配。分配给代表每一类或每一子类权利人集体管理组织的前述所涉技术手段的合理报酬比率，以及收取和支付方式，应根据第（9）款确定。

（b）声音或图像或者声音和图像记录设备、磁带或任何其他适合复制声音或图像或者声音和图像的介质、数字复制设备和介质以及容量超过 4 GB 的其他存储介质，以及仪器或组件（不论其操作是否在计算机环境中进行并以任何方式用于数字拷贝、转录或复制目的）的应得报酬，定为其价值的 6%。数字复制设备和媒体、其他存储介质，以及仪器或组件，不论其操作是否在计算机范畴中进行并以任何方式用于数字拷贝、转录或复制，其应得报酬应按照第（9）款规定的程序在代表著作权和邻接权人的集体管理组织之间分配。涉及声音或图像或者声音和图像的记录装置的应得报酬，应当以下列方式分配给各权利人：55% 给作者，25% 给表演者或表演艺术家，20% 给录制磁带或任何其他声音或图像或者声音和图像记录介质的制作者。

（c）复印机、扫描仪、打印机和用于复印的纸张的，应得报酬为其价值的 4%。［经第 4961/2022 号法律第 53 条第（2）款（b）项修订］该报酬应由印刷品的作者和出版者平分。任何能够复印的多功能机器也应包括在"复印机"的含义范围内。有前款情形之一的，其价值应在进口或从工厂处置时计算。报酬应由该等物品的进口商或生产者支付，记入发票，并由文化部部长授权运作的集体管理组织收取，该等组织全部或部分涵盖有关权利人的类别。

（4）（a）任何根据第（3）款进口，或通过欧洲共同体内部获取，或生产和提供技术设备和/或适用于影印的纸张、须支付合理报酬的人，应在每个日历季度结束后 30 日内，根据第 1599/1986 号法律以书面形式向希腊版权组织郑重声明：

（aa）他或她在欧洲共同体内进口、获得或在上一日历季度内生产和提供的技术手段和/或适合复印的纸张的数量和总值，按技术手段的类别和类型分列；且

（bb）此为没有任何隐瞒的实际数量和总值。

（b）任何集体管理组织有权随时以书面通知的方式要求债务人根据第 1599/1986 号法律以书面形式向希腊版权组织郑重声明：

（aa）按类别和类型详细列出适用于影印的技术手段和/或纸张的数量和总值，根据第（3）款，该等技术手段和/或纸张须支付合理报酬，并根据具体情况，由他或她在欧洲共同体内进口或获取或生产和提供；且

（bb）此为没有任何隐瞒的实际数量和总值。

在发出该请求后 1 个月内，有义务作出该声明的人应向希腊版权组织提交上述郑重声明，是独资企业的，由其本人签署；是公司的，则由其法定代表人签署。

（5）有义务提交第（4）款所述郑重声明的人未履行该义务的，一审法院独任法官应依照临时措施程序，依照第 4481/2017 号法律第 54 条第（2C）款，判决被要求立即提交郑重声明的人在任何不遵守的情况下向提出请求的集体管理组织支付 3000—30000 欧元的罚款。

（6）任何集体管理组织均有权自付费用要求由希腊版权组织委任的宣誓审计师对任何郑重声明内容的准确性进行核查。被要求提交该声明的人拒绝接受上述审计的，应由一审法院独任法官根据上述规定责令其履行。发布的每一份审计报告均应提交给希腊版权组织，任何集体管理组织都有权收到该报告文本。其他集体管理组织就同一郑重声明进行再次审查的请求应予拒绝。

（7）前述各款所述集体管理组织的权利也赋予所有进口、生产、提供或销售须按本条规定支付款项的技术手段和媒介的企业，并可对任何人行使该等权利。由宣誓的审计师进行核查的，有关费用应由提出要求的企业承担。

（8）在进口商有责任支付合理报酬的情况下，无论是进口还是在欧洲共

同体内部获得第（3）款所述的声音或图像或者声音和图像媒介或技术手段，应根据外国公司发票上所填的价值计算应付报酬；而与该等媒介和技术手段的处置有关发票应在本条规定的发票备注中标明，按第（3）款规定上述价值计算的报酬包括在折扣发票金额中。报酬在进口后3个月支付。

（9）多个集体管理组织代表同一类别或子类别的权利人，而该等组织在每年4月1日之前未就各自间的酬金比率分配达成协议的，代表每一类别或子类别权利人的每个集体管理组织的合理酬金比率分配、收取和支付方法以及任何其他相关细节，应由希腊版权组织作出决定予以确定。该决定应在任何集体管理组织提出申请后或希腊版权组织单独要求后的8个月内，通过希腊版权组织作出决定的程序发布；无论如何，截止日期为每年11月30日。❶该决定是根据有关集体管理组织表达的意见和诚信、公平交易惯例以及国际和欧洲共同体遵循的标准制定的。集体管理组织不同意希腊版权组织发布的决定的，可请求一审法院独任法官根据临时措施程序确定差别分配；然而，有义务支付该等报酬的人应着手向集体管理组织支付由希腊版权组织作出决定所确定的数额。此种支付包括付款及其清偿。

（10）未在希腊设立且未根据第4132/2013号法律（A' 59）和第1126/12.6.2013号法律（B' 1420）部长决定引入的海关法典［第2960/2001号法律（A' 265）］第29条第（4a）款获得经营许可的外国公司，没有义务为根据延迟增值税制度进口的产品支付合理报酬。需向权利人支付的合理报酬应由在希腊领土内设立的首个买方支付，该买方从根据海关法典第（4a）款获得授权的外国公司获得产品，目的是在希腊领土内提供产品，且该报酬在上述公司交付上述产品时签发的税务文件中以百分比税率和金额的形式提及，由本条所界定的集体管理组织收取。上述公司应按照第（8）款的规定，以季度报表的方式，将有关在本国领土内交货的资料通知受益收款机构，特别应提供关于买方、数量、价值、种类代码、购买日期以及被认为收取报酬所必需的任何其他要素的全面报告。与实施本款有关的任何细节可由文化部部长签发决定具体规定。

（11）集体管理组织应当提供并在其网站上公布一套迅速有效的程序，以

---

❶ 根据5039/2023号法律第117条第（2）款（a）项，第（1）款自2022年1月1日起生效。根据第5039/2023号法律第117条第（2）款（a）项，首次实施经本法第（1）款修订的第2121/1993号法律第18条第（9）款第一句，涉及在本法生效前希腊版权组织尚未审结的案件，希腊版权组织发布决定的截止日期为2023年7月31日。

退还就第（3）款所述技术手段收取的合理报酬，条件是企业或专业人员已提交相关申请，且申请人成功地证明这些资料仅意在用于个人使用以外的其他用途。该退款申请应完全由企业或专业人士而非第三方进口商或贸易商提交。合理报酬的退还程序应规定，除其他外，与第（3）款（a）项至（c）项中提及各种情形相关的申请应提交给集体管理组织［经第 4540/2018 号法律第 37 条第（1）款修订］。

注：关于涉及第 2121/1993 号法律第 18 条在本法生效时的现有诉讼程序，在以最终判决的形式结束之前，第 2121/1993 号法律第 18 条继续以经（1）款修订前的文本适用［经第 4605/2019 号法律第 104 条修订；第 4540/2018 号法律第 37 条第（2）款］。

第 19 条　摘录的引用

为支持引用人提出的观点或者批评作者的立场，允许在未经作者同意的情况下引用作者合法发表的作品的简短摘录，且无须支付报酬；但引述须符合公平惯例，且摘录的范围不得超过其目的所证明的合理范围。如果所述名字出现在相关资料中，则引用摘录时，必须注明摘录的来源以及作者和出版者的名称。

第 20 条　学校教科书和选集

（1）应允许将一位或多位作者合法出版的文学作品，按照国家教育和宗教部或其他主管部门的官方详细教学大纲，复制到经批准用于中小学教育的教材中；无须作者同意，也无须支付报酬。复制仅包含每位作者全部作品的一小部分。本规定仅适用于以印刷方式复制的情形。

（2）作者死亡后，准许在合法出版的超过一位作者的文学作品选集中复制其作品，而无须获得权利人的同意，也无须支付报酬。复制仅包含每位作者全部作品的一小部分。

（3）前述第（1）款和第（2）款规定的复制不得与所涉作品的正常利用相冲突。如果所述名字出现在相关资料中，则必须注明来源以及作者和出版者的名称。

第 21 条　用于教学目的

（1）允许在未经作者授权且不支付报酬的情况下，印刷复制已在期刊或报纸上合法发表的文章，包括合法出版的作品的摘录、短篇作品的部分内容或实用艺术作品，但仅限于教育机构的教学活动或考试，且出于预期的非商业目的，符合良好的道德风尚，不妨碍其正常利用。复制时应注明出处、作者和出版者姓名或名称，除非无法做到。

（2）在未经作者授权的情况下，仅基于预期的非商业目的和数字化使用，允许复制、向公众传播和向公众提供仅用于教学或考试说明的作品，前提是该用途：

（a）由教育机构负责，在其校舍内或其他地方，或通过安全的电子环境进行，只有该教育机构的学生或教职员工可以访问；

（b）不超过作品总量的5%，或不超过在报纸或期刊上合法发表的一篇文章、一首诗或一件视觉艺术作品，包括摄影作品；且

（c）附有出处说明，包括作者和出版者姓名或名称，除非确定无法做到这一点。

（3）第（2）款不适用于市场上容易获取适当许可证的情况，该等许可允许第（2）款的行为，并符合教育机构的需要和特点。在此情况下，集体管理组织应采取必要措施，以确保提供适当许可证。教育机构可以很容易地将这些信息发布到自己的网站上，并通知希腊版权组织，让它们分别通知自己的网站，从而获得适当的许可。

（4）通过安全的电子环境使用作品或其他受保护客体，其唯一目的是为教学提供说明，只要其使用符合第（2）款的规定，则被视为仅在教育机构注册地所在的成员国进行。

（5）在第（2）款规定的框架内使用作品，使用者应向作品的作者和出版者支付合理的报酬；报酬与在例外框架内的使用范围和被复制作品的价值成正比。报酬必须由代表相关类别权利人的集体管理组织强制收取。

（6）任何与第（2）款、第（3）款、第（4）款和第（5）款相抵触的合同条款均无效［本条标题和内容已由第4996/2022号法律第10条修订；第2019/790号指令（欧盟）第5条和第7条第（1）款］。

第21A条　文本和数据挖掘、研究组织和文化遗产机构的定义——出于科学研究目的挖掘文本和数据而复制作品和排除与合同条款相矛盾的例外

（1）对于本条的应用，下列定义适用：

（a）文本和数据挖掘，指旨在分析数字形式的文本和数据，以生成包括但不限于模式、趋势和相关性的信息的任何自动化分析技术。

（b）研究组织，指高等院校（包括其图书馆）、研究机构或任何其他实体，其主要目标是进行科学研究或开展涉及科学研究的教育活动：

（aa）以非营利为基础或将所有利润再投资于其科学研究；或

（bb）依该等方式实现公共利益的使命，对该组织产生决定性影响的企业不能在优惠的基础上获取该科学研究的成果。

（c）文化遗产机构，指向公众开放的图书馆或博物馆，档案馆、电影或音频遗产机构。

（2）允许研究组织和文化遗产机构出于科学研究目的进行文本和数据挖掘而复制作品或其他受保护客体。允许研究组织和文化遗产机构对其合法获取的资料进行文本和数据挖掘。

（3）根据第（2）款制作的作品或其他受保护客体的复制件应由研究组织和文化遗产机构以适当的安全标准负责保存，并且可以出于科学研究目的（包括验证研究结果）而对其进行保护。

（4）应允许权利人采取措施，确保存储作品或其他受保护客体的网络和数据库的安全性和完整性。该等措施应适当，不得超出实现此目标所必需的范围。

（5）权利人、研究组织和文化遗产机构分别就第（2）款和第（3）款所述义务和措施的适用确认共同商定的最佳做法。第一句的习惯做法应立即通知希腊版权组织并发布在其网站上。

（6）任何与此处规定的例外情况相抵触的合同条款均无效［经第4996/2022号法律第8条补充；第2019/790号指令（欧盟）第2条第（1）款、第（2）款和第（3）款，第3条和第7条第（1）款］。

第21B条　对合法获取作品和其他材料的复制和摘录的文本和数据挖掘的例外

（1）以文本和数据挖掘为目的复制和摘录依法访问的作品和其他材料是合法的，但前提是作者或其他权利人没有以适当的方式明确限制这种使用，例如在线公开提供的内容的机器可读方式。

（2）根据第（1）款进行的复制和摘录可在文本和数据挖掘所需要的时间内保留［经第4996/2022号法律第9条补充；第2019/790号指令（欧盟）第4条］。

第 22 条 非营利图书馆或档案馆复制额外复制件

（1）非营利性图书馆或档案馆可以在未经作者同意且不支付报酬的情况下，从其永久收藏的作品中再复制一份复制件，以保留该额外复制件或将其转移到另一非营利性图书馆或档案馆。只有在市场上不能及时并以合理的条件获得额外的复制件时，才允许此类复制。

（2）废除（与第 4996/2022 号法律第 43 条和第 54 条一起废除）。

第 22A 条 文化遗产的保护

（1）第 21A 条第（2）款（c）项所述文化遗产机构以及代表其并在其责任下行事的第三方，可以任何形式或媒介制作永久收藏的作品或其他保护对象的复制件，专门用于保存此类作品或其他保护对象并达到保存所需的程度。

（2）任何与第（1）款规定的例外情况相反的合同条款均无效〔经第 4996/2022 号法律第 11 条补充；第 2019/790 号指令（欧盟）第 6 条和第 7 条第（1）款〕。

第 23 条 电影作品的复制

在财产权持有人滥用权利拒绝复制具有特殊艺术价值的电影作品的情况下，为了将其保存在国家电影资料馆内，应允许不经其同意免费复制，但须经文化部部长按照电影咨询委员会的事先相应意见作出决定。

第 24 条 出于司法或者行政目的复制

在出于特定目的而具有充分理由的范围内，允许为在司法或行政程序中使用而复制作品，无须征得作者同意，也无须支付报酬。

第 25 条 出于信息目的复制

（1）在出于特定目的而具有充分理由的范围内，允许在未经作者同意无须支付报酬的情况下进行下列复制行为：

（a）以大众传媒报道时事为目的，复制和向公众传播在事件发生过程中看到或听到的作品；

（b）为提供时事信息，大众传媒复制并向公众传播政治演说、演讲、布道、法律演讲或其他性质相同的作品，以及讲座摘要或摘录，只要该等作品

已公开发表。

（2）在可能的情况下，复制和向公众传播时，应注明其来源和作者的姓名。

第26条　公共场所作品影像的使用

允许大众传媒偶尔复制和传播永久放置在公共场所的建筑作品、美术作品、摄影作品和实用艺术作品，可以不经作者同意，也无须支付费用。

第27条　在特殊场合公开表演或展示

在下列情况下，允许公开表演或展示作品，无须作者同意，也无须支付报酬：

（a）在与仪式性质相适应的正式仪式上；

（b）在教育机构的教职员工和学生活动范围内，但听众必须完全由上述人员、学生或学生家长、负责照料学生的人员或直接参与该机构活动的人员组成。

第27A条　允许对孤儿作品的特定使用

（1）允许在第3条第（1）款（h）项的意义上向公众开放，并允许公共图书馆、教育机构或博物馆、档案馆、影片或音频传承机构，以及在欧盟成员国建立的公共服务广播组织（孤儿作品的受益人）出于数字化、供公众查阅、编制索引、编目、保藏或修复（允许的用途）的目的而复制其收藏的作品；该等作品没有确定权利人，或者即使确定了权利人，但孤儿作品的受益人根据本条（孤儿作品）的规定，进行了勤勉检索，仍然无法找到。

（2）本规定仅适用于：

a. 以图书、期刊、报纸形式出版的作品，或者公共图书馆、教育机构或博物馆收藏的其他作品，以及在档案馆、影片或音频传承机构收藏的作品；

b. 公共图书馆、教育机构或博物馆收藏的电影或视听作品和录音制品，以及档案馆、影片或音频传承机构收藏的作品和录音制品；

c. 截至2002年12月31日由公共服务广播组织制作并保存在其档案中的电影或视听作品和录音制品；

d. 作品和其他受保护的客体嵌入或纳入上述作品或录音制品，或构成该等作品的组成部分，只要a、b、c、d所述该等作品受到著作权或邻接权的保护，并在欧盟成员国首次出版；或未出版的，在欧盟成员国首次播出。该等作品未出版或广播的，孤儿作品的受益人只有下列情况才能使用该等作品：

（a）经权利人同意，孤儿作品的任何受益人都可以公开获取该等作品（甚至以出借的形式）；且

（b）有理由推定，权利人不会反对本条所述的允许使用。

（3）作品或录音制品中有一名以上权利人，但没有查明所有权利人，或者即使查明，在根据第（6）款和第（7）款进行了勤勉检索和记录后才找到的，作品或录音制品可以按照前述规定使用，但条件是已被确定和找到的权利人已就其所拥有的权利授权孤儿作品的受益人进行与其权利有关的许可使用。

（4）允许孤儿作品的受益人使用孤儿作品，只是为了实现与其公益使命有关的目标，特别是保存、修复与提供文化和教育使用其收藏的作品和录音制品。孤儿作品的受益人可以将使用该等作品过程中产生的收益，专门用于支付其数字化孤儿作品并向公众提供该等作品的费用。

（5）孤儿作品的受益人在使用孤儿作品时，应标注已查明的作者和其他权利人的姓名，并贴附下列标签："孤儿作品：……［内部市场协调局单一在线数据库中的录入编号］"。

（6）希腊版权组织理事会通过发布决定，确定适当的来源，由孤儿作品的受益人进行勤勉和诚信检索，以根据第（1）款在作品或录音制品中确定和找到权利人，包括在使用前包含其中的作品及受保护客体。孤儿作品的受益人或代表孤儿作品受益人的第三方，应在首次出版的欧盟成员国，或在未出版的情况下，在首次广播的欧盟成员国进行勤勉检索。对于电影或视听作品，其制作人的总部或惯常居所在欧盟某一成员国的，应在其总部或惯常居所的成员国进行勤勉检索。作品没有根据第（2）款的最后一句发表或广播的，应在孤儿作品的受益人使作品可公开获取的欧盟成员国进行勤勉检索。有证据表明需对其他国家的信息来源进行搜索的，也应在该等国家进行检索。

（7）对孤儿作品进行勤勉检索的受益人应在孤儿作品使用期间以及使用终止后的 7 年内将检索记录存档，并向希腊版权组织提供具体信息。该机构应立即将该等信息转发给内部市场协调局的单一在线数据库。该等信息应包括：

（a）孤儿作品的详细描述和已确定作者或权利人的姓名；

（b）孤儿作品的受益人进行勤勉检索后得出的结论，即某一作品或录音制品被视为孤儿作品；

（c）孤儿作品的受益人对其意图进行的许可使用作出的声明；

(d) 孤儿作品的状态可能发生的变更（告知其已获悉的新数据）；

(e) 孤儿作品受益人的联系信息；

(f) 根据内部市场协调局就数据库确定的程序，希腊版权组织理事会决定并发布在希腊版权组织网站上的任何其他信息。

（8）对于已经作为孤儿作品登记在内部市场协调局单一在线数据库中的作品，无须勤勉检索。作品或录音制品在欧盟任何成员国被定性为孤儿作品的，应被视为孤儿作品。

（9）被登记为孤儿作品、录音制品或其他受保护客体的权利人出现的，有权终止该孤儿作品的状态，要求孤儿作品受益人停止使用该作品，并为使用该孤儿作品支付补偿。使用孤儿作品的受益人有义务终止该作品的孤儿作品状态。出现的权利人提交的申请和证据足以确认其对特定孤儿作品的权利，并将其定性为"非孤儿作品"或驳回申请的，孤儿作品的受益人必须在自该权利人提交申请次日起算的 20 个工作日内作出决定。孤儿作品的受益人在上述期间内未就申请作出决定的，或尽管申请已获批准，但仍继续使用该作品的，适用第 63A 条至第 66D 条的规定。根据欧盟内部市场协调局*的单一在线数据库，如果一件作品成为"非孤儿作品"，则孤儿作品的受益人有义务在收到上述协调局有关通知后的 10 个工作日内停止使用该作品。补偿应相当于孤儿作品受益人通常或依法支付的使用费的一半，并且该补偿应在该作品的孤儿作品状态终止后 2 个月内支付。双方未能达成协议的，补偿的条件、期限和标准应由雅典初审法院通过临时措施确定。

（10）在任何情况下，证明某一作品由于不勤勉和不诚信的检索而被错误地认定为孤儿作品的，适用第 63A 条至第 66D 条的规定。

（11）希腊版权组织对孤儿作品的受益人进行的勤勉检索不承担责任，对作品的孤儿作品状态是否确定或终止也不承担责任。

（12）本条不影响关于匿名或笔名作品的规定，也不影响现行法律关于权利管理的规定（经第 4212/2013 号法律第 7 条补充）。

第 27B 条　非商业作品和其他受保护客体的使用，文化遗产机构的跨境使用、公开措施以及与利益相关方的对话

（1）在经过合理努力确定作品或其他受保护客体是否可供公众使用之后，

---

* 此处"欧盟内部市场协调局"已更名为"欧盟知识产权局"。——译者注

如果可以善意地推定公众不能通过常规商业渠道获取该作品或其他受保护客体，并且至少已过去 10 年（从其出版后的次年 1 月 1 日起计算），则该作品或其他受保护客体应被视为已停止商业化。

（2）集体管理组织根据权利人的授权，可与第 21A 条第（1）款（c）项规定的文化遗产机构签订非排他性许可协议，出于非商业目的，复制、发行、向公众传播或向公众提供这些机构永久收藏的非商业作品或其他受保护的客体，而无论许可证所涵盖的所有权利人是否分别委托了集体管理组织，但必须符合下列条件：

（a）相关集体管理组织根据其授权，在有关作品类型或其他受保护的客体事项以及被许可的权利方面，充分代表权利人；

（b）保证所有权利人在给予许可的条款方面享有平等待遇。无论如何，在本文规定的含义内，需要获得许可的组织的代表性是根据其所属文化遗产机构所在的州来确定的。

（3）文化遗产机构可以在没有许可证和报酬的情况下，专门出于非商业目的复制、发行、传播和向公众提供其永久收藏的非商业作品或其他受保护的客体，条件是：

（a）注明作者或任何其他可识别的权利人的姓名，除非事实证明这是不可能的；且

（b）此类作品或其他受保护的客体可在非商业网站上提供。

（4）第（3）款规定的例外仅适用于在希腊境内合法成立和运作的集体管理组织中，不满足第（2）款（a）项规定条件的作品类型或其他受保护客体。

（5）作者可随时向集体管理组织或文化遗产机构声明，他们希望将其作品或其他受保护客体排除在第（2）款规定的许可机制或第（3）款规定的例外适用范围之外，无论是在一般情况下还是在特定情况下，包括在各自许可证终止后或许可使用开始后提交声明的情况。对于第一句所述情形，适用第 4481/2017 号法律（A' 248）第 7 条第（4）款。

（6）本条不适用于非商业作品集或其他受保护客体，如果根据第（1）款所述的合理努力，有证据表明此类作品集主要包含：

（a）首次出版的作品或其他受保护客体，但电影或视听作品除外，或者在没有出版的情况下，其首次广播是在第三国进行的；或

（b）制作者的总部或惯常居所位于第三国的电影或视听作品；或

（c）经过合理努力后，无法根据（a）项和（b）项确定成员国或第三国国民的作品或其他受保护客体。作为对（a）项的豁免，如果集体管理组织在第（2）款（a）项意义上充分代表了相关第三国的权利人，则本条应适用。

（7）根据第（2）款授予的许可证可允许任何成员国的文化遗产机构使用非商业作品或其他受保护客体。根据第（3）款规定的例外情况允许使用的作品或其他受保护客体，被视为仅适用于进行此类使用的文化遗产机构所在的成员国。

（8）用于确定根据第（2）款授予的许可证所涵盖的或在第（3）款规定的例外情形下使用的非商业作品或其他受保护客体的来自文化遗产机构、集体管理组织或有关公共机构的信息，根据第（5）款有关权利人可用选项的信息，以及有关许可合同当事方、涵盖的地域和使用的信息，根据第（2）款的许可或第（3）款的例外，至少在复制、发行、传播或向公众提供作品或其他保护客体之前的 6 个月，可通过欧盟知识产权局的单一公共在线门户网站永久、便捷和有效地获取。上述门户网站的注册用户对其发布的相关信息的准确性负责。

（9）为实施第（1）款和第（2）款，希腊版权组织与各个领域的作者或其他权利人、集体管理组织和文化遗产机构进行磋商，并鼓励代表性用户和权利人组织（包括集体管理组织）以及任何其他利益攸关方组织在特定行业的基础上进行定期对话，以促进第（2）款规定的许可机制的关联性和实用性，以及确保作者为保护其非商业作品或其他客体而采取的措施的有效性［经第 4996/2022 号法律第 13 条补充；第 2019/790 号指令（欧盟）第 8 条至第 11 条］。

第 28 条　美术作品的展览与复制

（1）拥有美术作品物质载体的博物馆，有权在博物馆内或在博物馆举办的展览会期间，在不经作者同意和不支付任何费用的情况下，向公众展出该等美术作品。

（2）允许向公众展示美术作品，并在促销的必要范围内将该作品复制于目录中；无须作者同意，也无须支付报酬。

（3）在上述第（1）款和第（2）款所述情况下，允许复制，但此等复制不得与作品的正常利用相冲突，也不得对作者的合法利益产生不合理的损害。

第 28A 条　为印刷品阅读障碍者和其他残疾人利益的许可用途

（1）就本条而言，适用下列定义：

（a）作品，是指受著作权保护且出版或以其他方式合法公开的，呈现于任何媒体，包括数字格式和音频形式的（如有声读物），以图书、期刊（科学或其他）、报纸或其他形式的文字、记谱（包括乐谱）和相关插图形式的作品；

（b）受益人，是指下列人员，不论有无其他残疾：

（aa）盲人；

（bb）具有无法改善的视力障碍，使其视觉功能不能实质上等同于没有该等损害的人，因而阅读印刷作品的能力也不能实质上等同于没有该等损害的人；

（cc）有感知或阅读障碍，因而阅读印刷作品的能力不能实质上等同于没有该等损害的人；

（dd）因身体残疾而不能手持或翻阅图书，或将眼睛集中或移动到通常可接受阅读的程度；

（c）无障碍格式版，是指使受益人能够以替代方式或替代形式获得作品的任何复制件，特别是使受益人能够与未患（b）项所述任何损伤或残疾的人一样切实可行、舒适地使用该作品；

（d）获授权实体，是指已获授权或被认可为受益人提供指导培训、教育、适应性阅读材料和以非营利方式获取信息的任何组织、协会、联盟或其他实体。获授权实体，亦指向受益人提供相同服务并作为其主要活动之一、作为机构义务或作为其公益使命的一部分的公共或非营利组织［经第 4672/2020 号法律第 3 条修订；第 2017/1564 号指令（欧盟）第 2 条］。

（2）在不经作者授权也不付酬的情况下，应允许实施任何必要的行为，以便：

（a）受益人或代表其行事的人制作受益人可合法获取的、专供其个人使用的作品无障碍格式版；

（b）获授权实体制作可合法获取的作品无障碍格式版，或者在非营利的基础上，将此版本传播、提供、发行或出借给受益人或其他获授权实体，以供受益人个人专用［经第 4672/2020 号法律第 4 条修订；第 2017/1564 号指令（欧盟）第 3 条］。

（3）不允许任何与第 2 条相悖的协议［经第 4672/2020 号法律第 4 条修订；第 2017/1564 号指令（欧盟）第 3 条］。

（4）每份无障碍格式版均应尊重作品的完整性，并适当考虑以替代格式所需的修改［经第 4672/2020 号法律第 4 条修订；第 2017/1564 号指令（欧盟）第 3 条］。

（5）应允许获授权实体代表受益人或在另一个欧盟成员国设立的其他获授权实体在不经作者授权也不支付报酬的情况下实施第（2）款（b）项规定的行为。也应允许受益人或在希腊设立的获授权实体从欧盟成员国设立的获授权实体获取并利用无障碍格式版［经第 4672/2020 号法律第 5 条修订；第 2017/1564 号指令（欧盟）第 4 条］。

（6）在希腊设立的获授权实体实施第（2）款和第（5）款规定的行为时：

（a）它确立并遵循自己的习惯做法，以确保：

（aa）仅向受益人或其他获授权实体发行、传播和提供作品的无障碍格式版；

（bb）采取适当措施，阻止未经授权复制、发行、向公众传播或提供作品的无障碍格式版；

（cc）在处理作品及其无障碍格式版时表现应有的谨慎，并保存记录；

（dd）可能在其网站上或通过其他在线或离线渠道发布和更新有关其如何遵守（aa）至（cc）规定的义务的信息，符合希腊国家图书馆根据第 3149/2003 号法律（A' 141）第 1 条第 4 款（ia）项规定制定的标准和指南的，推定被授权实体满足上述先决条件。

（b）根据要求，以可行的方式向受益人、其他获授权实体或权利人提供：

（aa）具有无障碍格式版和可用格式的作品清单；

（bb）根据第（2）款和第（5）款与其交换无障碍格式版的获授权实体名称和联系方式［经第 4672/2020 号法律第 6 条修订；第 2017/1564 号指令（欧盟）第 5 条］。

（7）出版者以数字格式保存的作品文档，应当以数字格式提供给主管部门。在不遵守这一义务的情况下，应特别适用民法典第 946 条。因本款产生的争议应由具有地域管辖权的一审法院独任法官按临时措施程序审理［经第 4672/2020 号法律第 6 条修订；第 2017/1564 号指令（欧盟）第 5 条］。

（8）国家图书馆存有一份作品的无障碍格式清单，其中包括复制作品所采用的无障碍格式类型以及保存该等作品的主管部门。主管部门应在无障碍格式制作完成后的合理期限内，向国家图书馆提供更新清单所需的必要信息［经第 4672/2020 号法律第 6 条修订；第 2017/1564 号指令（欧盟）第 5 条］。

（9）对使用小学、中学和高等教育教科书所涉权利人的补偿应采取适用于非受益人的相同补偿形式［经第 4672/2020 号法律第 7 条修订；第 2017/1564 号指令（欧盟）第 6 条和第 7 条］。

（10）实施第（5）款规定行为的主管部门，可将其名称和联系方式告知希腊版权组织，由该组织将该等信息提供给欧盟委员会［经第 4672/2020 号法律第 7 条修订；第 2017/1564 号指令（欧盟）第 6 条和第 7 条］。

（11）在本条框架内进行的个人数据处理应遵循有关保护个人数据的法律［经第 4672/2020 号法律第 7 条修订；第 2017/1564 号指令（欧盟）第 6 条和第 7 条］。

（12）根据本条规定，除第（5）款外，如果该等用途与残疾人的残疾直接相关，且在该特定残疾所需的范围内不具有商业性质，则应允许为了听障人士的利益复制、向公众传播和提供作品；无须作者授权，也无须支付报酬。可通过文化部部长与教育和宗教事务部部长的联合决定进一步规定该等使用的条件［经第 4672/2020 号法律第 8 条修订；第 2001/29 号指令第 5 条第（3）款 b 项，经第 2017/1564 号指令（欧盟）第 8 条修订］。

第 28B 条　复制权的例外

短暂的或偶然的临时复制行为，是技术处理的必要成分和基本成分，其唯一目的是：

（a）通过媒介在第三方之间进行网络传输；或

（b）对作品或其他受保护客体的合法使用，且无独立的经济意义，则不应受复制权约束。

第 28C 条　关于限制的一般适用条款

现行第 2121/1993 号法律第 4 章所规定的限制只适用于与作品或其他受保护客体的正常利用不相冲突且不会不合理地损害权利人的合法权益的某些特殊情况。

第5章 保护期限

第 29 条 一般期限

（1）著作权的保护期限为作者终生及其死亡后 70 年，自作者死亡后次年 1 月 1 日起算。

（2）著作权保护期限届满后，文化部部长可代表国家根据本法第 4 条第（1）款（b）项和第（1）款（c）项行使源自人身权的与承认作者身份有关的权利和与保护作品完整性有关的权利。

第 30 条 合作作品和有歌词的音乐作品

（1）就合作作品而言，著作权的保护期限为最后一位在世作者终生及其死亡后 70 年，自该作者死亡后次年 1 月 1 日起算。

（2）只要作曲者和作词者的作品都是专门为特定的有歌词的音乐作品创作的，该音乐作品的保护期限与第（1）款所述规定相同（经第 4481/2017 号法律第 54 条修订）。

第 31 条 期限起算的特别规定

（1）对于匿名作品或笔名作品，其著作权的保护期限为 70 年，自作品合法提供给公众之后次年 1 月 1 日起算。但在上述期间内，作者公开其身份，或者作者使用的笔名使其身份毫无疑问的，适用一般规则。

（2）作品以卷、章、节、专题或集出版的，保护期限自作品合法向公众公开之日起计算，各项目的保护期限分别计算。

（3）视听作品的保护期限应在最后在世的下列人员（首席导演、剧本作者、对白作者和专为视听作品创作音乐的作曲家）死亡后 70 年届满。

第 31A 条 进入公共领域的视觉艺术作品*

（1）当视觉艺术作品的保护期限届满时，任何因复制该作品而产生的材料均不受著作权或邻接权的保护，除非该复制行为所产生的材料是原创的，即是作者自己的智力创作。

　＊ 该条第（2）款内容与第（1）款完全相同，故删除第（2）款。——译者注

第6章 与使用合同和许可有关的规则

第32条 作者报酬

（1）作者为其作品的利用订立使用合同、授予许可证或者转让经济权利的，应当按照一定比例获得适当的报酬。百分比的计算应毫无例外地以总收入为依据，或者按支出总额计算，或按缔约另一方在利用该作品时从其活动中产生的综合总收入和支出计算。作为例外，在下列情况下，可按适当且成比例的一定数额计算报酬：

（a）实际上无法确定计算百分比费用的基础，或缺乏监督百分比执行情况的手段；

（b）计算和监督所需的费用与所得报酬不成比例；

（c）由于使用的性质或条件，不可能实施百分比，特别是当作者的贡献不是整个知识创造的基本要素或当作品的使用相对于使用的对象具有次要特征时。

本条所规定的对作者权利的放弃或合同限制无效。无效只能由作者提出。

（2）上述规定应在不损害第4858/2021（A' 220）号法律的情况下适用［经第4996/2022号法律第17条补充；第2019/790号指令（欧盟）第14条］。

第32A条 要求额外报酬

（1）如果没有有效的、由集体谈判产生的协议并确定一种给予该协议所规定的额外报酬的机制，作者有权亲自或通过其专门律师，向与其订立合同、获授许可证或以利用为目的的受让其经济权利的一方要求额外、适当和公平的报酬。或者，当最初约定的报酬与随后利用该作品获得的所有相关收入相比，被证明低到不成比例时，由该方的所有权继承人支付。在确定报酬时，应当考虑每一案件的特殊情况、作者的贡献以及不同内容的特殊性和报酬惯例。

（2）第（1）款不适用于集体管理组织和独立管理实体以及适用第4481/2017号法律（A' 100）第2条的其他实体签订的协议。

（3）第（2）款规定的对作者权利的任何放弃或合同限制均无效。无效只能由作者援引［经第4996/2022号法律第23条补充；第2019/790号指令（欧盟）第20条和第23条第（1）款］。

第33条　关于印本合同和译者权利的规则

（1）印本的出版者为复制、发行作品或作品的复制件而支付给作者的费用，应按所有已售出复制件的零售价的一定比例约定。如果印本合同是指以原版文字出版的文学作品，如短篇故事、短篇小说、小说、诗歌、散文、评论文章、戏剧作品、游记或传记，但不包括袖珍版图书，则出版者在销售1000册后向作者支付的费用不得低于所有已销售复制件零售价的10%。

（2）作为上述第（1）款规定的例外，当作品为下列任何一项时，可同意向作者一次性支付费用：

（a）集合作品；

（b）百科全书、词典或他人作品选集；

（c）教科书；

（d）相册、日历、议程、教学图书、印刷游戏和教育项目，如地图或地图集；

（e）序言、评论、介绍、演示；

（f）印刷版插图或摄影材料；

（g）非文学类儿童绘本；

（h）限量的豪华版；

（i）期刊或报纸。

（3）作品有一名以上作者的，如无另外的约定，则按其贡献程度在各作者之间按比例分配费用。一名或多名作者不受著作权法律条款保护的，应向享有著作权保护的作者支付商定的百分比费用；或者所有作者都受到保护的，根据本条第（1）款应享有的百分比费用进行分配。

（4）作品的复制件是涉及第三方的出租或出借安排标的的，授予必要许可的费用应由作者和出版者平均分担。

（5）作者的费用是按零售额的百分比确定的，除非商定了其他监测方法，否则出售的每一件复制件都应由作者签名。

（6）印本的出版者就该作品的翻译、复制和发行而向译者支付的费用，应按所售复制件零售价的百分比商定。本条第（2）款、第（4）款和第（5）款的规定应参照适用。

（7）必须在作品的主扉页上标明译者的姓名。如果出版者同意，还可以在作品封面标明译者的姓名〔经第4996/2022号法律第35条修订；第2006/

115 号指令（欧盟）第 1 条第（1）款（a）项和第 6 条第（1）款]。

第 34 条　关于视听节目制作合同的规则

（1）制作者与作者签订的视听作品创作合同，应当载明转移给制作者的财产权。不符合上述规定的，合同应当被视为按照约定的目的将利用该作品所必需的一切财产权转移给制作者。为了进行利用而据以制作复制件的母版经作者同意后，视同作品完成。未经作者事先同意，不得对已获作者批准的视听作品的最终形式进行任何改动、删节或其他修改。对某一视听作品有个人贡献的多名作者，只能经作者批准后对作品的最终形式行使其人身权。

（2）视听作品制作者与作品中作出个人贡献的创作者之间的合同，应当载明转移给制作者的财产权。不符合上述规定的，制作者与作出个人贡献的作者（音乐作曲家和歌词作者除外）之间的合同应被视为将根据合同目的利用视听作品所必需的财产权转移给制作者。对视听作品的贡献可以单独利用的，与其他用途有关的财产权应由其作者保留。

视听作品的作者被视为剧本作者、对白作者、音乐作曲家、摄影导演、舞台设计师、服装设计师、音响师和最终执行人（编辑）。

（3）知识创造者保留对视听作品的任何利用方式单独获得报酬的权利。该报酬按照第 32 条的规定确定。视听作品制作者有义务按照第 15A 条的规定向知识创造者提供信息。广告短片不受本款规定的约束［经第 4996/2022 号法律第 21 条第（2）款修订；第 2019/790 号指令（欧盟）第 18 条]。

（4）载有固定视听作品的视听作品是出租安排的对象的，作者在任何情况下均应保留获得合理报酬的权利。本规定亦适用于与录音制品有关的出租安排。

第 34A 条　关于在视频点播平台上获取和提供视听作品的谈判机制

当双方在签订合同或授予许可以通过视频点播服务提供视听作品方面遇到困难时，如果他们愿意，可以请求希腊版权组织协助或调解员协助，相应地适用第 35 条第（9）款其余部分的规定。为制定希腊版权组织的表格，需征求权利人和提供视频点播服务的企业意见。希腊版权组织和调解员为双方谈判提供协助，并帮助各方达成协议，包括酌情向他们提供建议［经第 4996/2022 号法律第 16 条补充；第 2019/790 号指令（欧盟）第 13 条]。

第 35 条　关于广播和电视播放、转播的规则

（1）若无相反协议，在广播或电视上重复播放作品时，除首次播放外，无须进一步征得作者同意，但广播组织有义务向作者支付额外报酬；第一次重播的报酬至少为最初商定金额的 50%，后续任何一次则为 20%。前一句的规定不适用于本法第 56 条规定的集体管理组织与使用者之间的关系。

（2）若无相反协议，广播或电视播放合同，不赋予对方当事人允许第三方通过电磁波、导体材料或平行于地球表面的任何其他方式或通过卫星向公众播放或转播作品的权利。

（3）通过卫星向公众传播作品的行为被视为仅发生在欧盟成员国，由广播组织控制和负责，将载有节目的信号引入不间断的传输链，抵达卫星并向下传送至地球。如果载有节目的信号采用编码形式，则只要解码节目的手段是由广播组织或经其同意向公众提供的，就可以通过卫星向公众传播。如果通过卫星向公众传播的行为发生在未达到本法所规定的保护水平的非欧盟成员国，则通过本法予以修订，适用下列规定：

ⅰ）如果包含节目的信号通过卫星从发射站传输到位于成员国的卫星，则通过卫星向公众传播的行为被视为发生在该成员国，并可对卫星发射站的运营者行使权利；

ⅱ）如果未使用位于成员国的卫星发射站，但通过卫星向公众传播的行为是由在成员国设立的广播组织指定的，则该行为被视为发生在该广播组织主要机构所在的成员国，可对该广播组织行使权利。通过卫星向公众传播，是指由广播组织控制和负责，将供公众接收载有节目的信号引入连接卫星和地面不间断通信链的行为。通过卫星向公众传播作品的授权只能通过协议获得。

（4）根据本法，就著作权而言，其他成员国通过有线电视向希腊转播广播节目，须以作者与有线电视网络运营商之间的个人或集体合同为基础。"有线转播"是指通过有线或无线的电缆或微波系统，包括通过卫星传输供公众接收的电视或广播节目，对来自其他成员国的初始传输信号进行同步、无改动和无删节的转播，供公众接收，无论有线转播服务运营商如何从广播组织获取用于转播的节目信号。

（5）转播指除第（4）款最后一句定义的有线电视转播外，对另一成员国首次传送的供公众接收的电视或广播节目进行的任何同步、无改动和无删节的转播。此类初始传输是通过有线或无线方式（包括通过卫星）而不是通过在线传输进行的，前提是：

（a）转播是由进行初始传输的广播组织以外的一方进行的，或在其控制和负责的情况下进行的，无论进行转播的一方如何从广播组织获取用于转播的载有节目的信号；

（b）如果转播是通过欧洲议会和欧盟理事会 2015 年 11 月 25 日第 2015/2120 号条例（欧盟）第 2 条第（2）款（2）项所述互联网接入服务进行的，该条例规定了有关开放互联网接入的措施，并修订了有关电子通信网络和服务的通用服务和用户权利的第 2002/22/EC 号指令以及有关欧盟内部公共移动通信网络漫游的第 531/2012 号条例，则转播是在托管环境中进行的。托管环境是指转播服务运营商向授权用户提供安全转播的环境，该环境提供的内容安全级别可与只有授权用户才能访问转播的安全级别相比较，所提供的安全级别可与通过托管网络［如有线网络或基于网络协议（IP）的闭路网络］传输的内容的安全级别进行比较，其中转发的内容是加密的。

（6）第（4）款和第（5）款所述广播和电视节目的转播行为，须经广播专有权和向公众传播专有权的持有者分别授权。权利人若非广播组织，可以授权转播或拒绝颁发转播许可，但只能由集体管理组织行使。

（7）就第（6）款第二句而言，如果权利人未委托集体管理组织管理转播权，则管理同类权利的集体管理组织应被视为有权批准或拒绝该权利人的转播授权。在此情况下，如果管理同类权利的集体管理组织不止一个，权利人可自由选择其中一个集体管理组织，授权其管理转播权。如果权利人没有选择，则视为他们共同有权批准或拒绝授权转播。上述权利人享有转播服务运营商与集体管理组织或根据前几句规定行事的组织与委托该组织或这些组织进行管理的权利人之间的协议所产生的相同权利和义务，并且可以在转播包含其作品或其他受保护客体之日起 3 年内行使这些权利。

（8）第（6）款和第（7）款不适用于广播组织对自己的传输行使的转播权，无论相关权利是其自有的还是由其他权利人转让给它的。广播组织和转播服务运营商就转播授权进行真诚善意的磋商。

（9）如果集体管理组织与转播服务运营商之间或转播服务运营商与广播组织之间未根据第（4）款和第（5）款就转播广播节目的授权问题达成协议，任何利益相关方都有权请求从希腊版权组织每 2 年编制一次的独立公正仲裁员名单中选出的一名或多名调解员提供协助。希腊版权组织可征求集体

管理组织和有线电视网络运营商的意见，以制定上述表格。仲裁员协助谈判，并可向各方提出建议。如果各方在收到建议通知后 3 个月的期限内均未提出异议，则视为各方均接受前一句的建议〔经第 4996/2022 号法律第 3 条修订；第 2019/789 号指令（欧盟）第 2 条第（2）款和第（3）款以及第 4 条、第 5 条、第 6 条和第 9 条〕。

第 36 条　戏剧表演费

（1）在扣除公众娱乐税后，按收入总额的百分比确定剧作家的费用。

（2）收费标准以原著或者翻译或改编的近现代经典作品整个节目演出的总收入为基础，在公立剧院演出的最低费用为 22%，在私营剧院演出的最低费用为 10%。当代国际剧目现代作品的翻译，最低费用为 5%。如果一个节目包含一个以上的剧作家的作品，费用应按每个剧作家作品的演出时间比例在他们之间分配。

第 37 条　电影音乐伴奏

在电影院或其他场所向公众放映的电影中音乐、歌曲伴奏作曲家的最低费用，为扣除公众娱乐税后的总收入的 1%。

第 38 条　摄影师的权利

（1）若无相反协议，与在报纸、期刊或其他大众媒体上出版照片有关的财产权的转移或使用合同或许可，仅指在转移或使用合同或许可中指定的特定报纸、期刊或大众媒体上出版照片并将照片存档。随后的每一出版行为均须支付相当于现行费用一半的费用。从报纸、期刊或其他大众媒体的档案中转移的照片，只有在附上报纸或期刊的标题或照片最初合法存放在其档案中大众媒体名称的情况下，才允许出版。

（2）因交出照相底片而便于出版的照片，在无相反协议的情况下，只能在首次出版时使用该底片；之后应将该底片归还给摄影师。

（3）摄影师应保留查阅和要求归还其照片的权利，该等照片是与某一特定报纸、期刊或其他大众媒体签订的使用合同或许可安排的对象，且在使用合同或许可签订之日起 3 个月仍未出版。

（4）每次出版照片时均应注明摄影师的姓名。本规定同样适用于报纸、期刊或其他大众媒体档案的转移。

（5）报纸或期刊的所有者未经雇员同意，不得在图书或影集中出版由其雇用的摄影师创作的照片。本规定同样适用于照片的出借。

第39条　相反协议无效

除法律另有规定外，任何协议约定的条件违反本章条文规定的，或费用数量低于本章规定收费标准的，对作者不利的条款无效。

第39A条　替代性争议解决程序

（1）有关第15A条规定的透明度义务和第32A条规定的额外报酬要求的争议，只要当事人同意，可提交适用于第35条第（9）款其余部分的替代争议解决程序。作者代表组织可以根据一名或多名作者的具体请求启动此类程序。

（2）任何排除诉诸调解的合同条款均无效。无效只能由作者援引［经第4996/2022号法律第24条补充；第2019/790号指令（欧盟）第21条］。

第7章　关于计算机程序和数据库制作者特别权的特殊规定

第40条　雇员编写的程序

除合同另有约定外，雇员履行雇佣合同或者按照雇主的指令编写的计算机程序的财产权，应当依法转移给雇主。

第41条　权利用尽

作者或经其同意在欧洲共同体首次销售某一程序的复制品，即用尽该复制件在欧洲共同体内的发行权，但控制进一步出租该程序或其复制件的权利除外。

第42条　限　　制

（1）若无相反协议，对计算机程序的复制、翻译、改编、编排或任何其他修改，只要上述行为是合法取得人按照其预期目的使用该程序（包括更正错误）所必需的，均无须作者授权，也无须支付费用。

（2）为加载、显示、运行或存储计算机程序所必需的复制，不受前款限制，须经作者授权。

（3）在程序使用所必需的情况下，有权使用该计算机程序的人制作备份复制件不得因合同而受到妨碍，也无须获得作者授权或支付费用。

（4）有权使用计算机程序复制件的人，在实施其有权实施的任何行为时，无须作者授权，也无须付费，有权观测、研究或测试该程序的功能，以便确定作为程序任何要素的思想和原则。禁止任何相反的约定。

（5）除前述第（3）款和第（4）款规定的情形外，禁止复制供个人使用的计算机程序。

（6）第 28A 条第（1）款至第（11）款规定的限制也适用于计算机程序权利人的权利〔经第 4672/2020 号法律第 9 条第（1）款补充；第 2017/1564 号指令（欧盟）第 3 条第（1）款〕。

（7）第 21 条第（2）款至第（4）款也适用于复制权、翻译权、改编权或其他修改权，以及作者或计算机程序的其他权利持有人的发行权。

（8）第 21B 条也适用于复制权和计算机程序的作者或其他权利持有人的翻译权、改编权或其他修改权。

（9）第 22A 条也适用于计算机程序的作者或其他权利持有人的复制权〔经第 4996/2022 号法律第 29 条补充；第 2019/790 号指令（欧盟）第 4 条第（1）款、第 5 条第（1）款和第 6 条第（1）款〕。

第 43 条　反编译

（1）如果该行为对于获得独立创建的计算机程序与其他程序的互操作性所必需的信息是必不可少的，而实现互操作性所需的信息以前并非轻易地被有权使用计算机程序的人所获取，且该等行为仅限于实现上述互操作性所必需的原始程序部分，则有权使用计算机程序复制件的人可以不经作者授权也无须付费，而实施第 42 条第（1）款和第（2）款所述的行为。

（2）第（1）款规定不应允许通过其应用获得如下数据：

（a）用于实现独立创建的计算机程序的互操作性以外目的；

（b）提供给他人，但为独立编写的计算机程序的互操作性所必需的除外；或

（c）用于开发、生产或销售在表达上与原始程序实质相似的计算机程序，或用于任何其他侵犯著作权的行为。

（3）对本条规定的解释，不得使其适用方式与计算机程序的正常使用相冲突或不合理地损害作者的合法利益。

第 44 条　已被第 2557/1997 号法律第 8 条第（8）款废除

第 45 条　其他规定和协议的效力

（1）本章规定不影响其他法律规定，特别是有关专利权、商标、不正当竞争、商业秘密、半导体产品保护或合同法的规定。

（2）违反本法第 42 条第（3）款、第（4）款和第 43 条规定的协议无效。

（3）第 15A 条、第 15B 条和第 32A 条不适用于第 2 条第（3）款所指计算机程序的作者［经第 4996/2022 号法律第 26 条补充；第 2019/790 号指令（欧盟）第 23 条第（2）款］。

第 45A 条　数据库制作者的特别权

（1）数据库制作者有权阻止提取和/或再次利用该数据库的全部或从质量和/或数量上评估的实质内容，这表明在获取、验证或展示内容方面存在质量和/或数量上的大量投入。数据库制作者是主动制作数据库和承担投资风险的个人或法人。数据库承包商不被视为制作者。

（2）就本条而言：

（a）提取，是指以任何方式或形式将数据库的全部或实质部分内容永久或暂时转移到另一媒介；

（b）再次利用，是指通过发行复制件、出租、在线或其他传输形式等任何形式向公众提供数据库全部或实质部分内容。权利人或经其同意在欧洲共同体内首次销售数据库复制件后，应穷尽其控制该复制件在欧洲共同体内转售的权利。

公共借阅不是提取或再次利用行为。

（3）无论所述数据库或其内容是否受著作权规定或其他规定的保护，第（1）款所述权利均属有效。基于第（1）款所述权利的保护并不损害其内容上的潜在权利。数据库制作者的特别权可以有约因或无约因转移，其利用可以通过许可证或合同转让［第 96/9 号指令第 7 条第（3）款和第（4）款］。

（4）如果涉及有悖于正常利用数据库的行为，或者不合理地损害数据库制作者的合法权利，则不允许反复和系统地提取和/或再次利用数据库内容的非实质性部分［第 96/9 号指令第 7 条第（5）款］。

（5）以任何方式向公众提供数据库的制作者，不能阻止出于任何目的通过提取和/或再次利用已被定性或定量评估的非实质性内容等方式合法利用该数据库。如合法使用者只有权提取和/或再次利用数据库的一部分，则本款仅适用于该部分。以任何方式向公众提供的数据库的合法使用者不得：

（a）实施与数据库正常利用相悖的行为，或者不公正地损害数据库制作者的合法利益；

（b）对所述数据库所载作品或表演的著作权或邻接权的受益人造成损害。任何违反本款规定安排的协议都是无效的（第96/9号指令第8条和第15条）。

（6）以任何方式向公众提供数据库的合法使用者不经数据库制作者同意，可摘录和/或再次利用数据库内容的重要部分：

（a）提取是出于教育或研究目的，但须引用来源，并以所追求的非商业目的为理由；

（b）提取和/或再次利用是出于公共安全或行政或司法程序的目的。这一特别权适用于数据库的制作者或受益人是一个成员国的公民或在欧洲联盟领土上有惯常居所的情况，也适用于根据成员国立法设立的公司和企业，其注册办事处、中央行政机构或主要机构设在欧洲联盟内。如果特定的公司或企业在欧洲联盟领土上只有注册办事处，其业务必须与成员国经济具有持续的真实联系（第96/9号指令第9条和第11条）。

（6）第28A条第（1）款至第（11）款规定的限制同样适用于数据库制作者的特别权。第21条第（2）款至第（4）款以及第21A条、第21B条和第22A条对作者经济权利的限制也适用于第（1）款规定的数据库制作者的特别权〔经第4996/2022号法律第30条修订；第3条第（1）款、第4条第（1）款、第5条第（1）款和第2019/790号指令（欧盟）第6条〕。

（7）本条规定的权利自数据库制作完成之日起生效。有效期为15年，自完成之日次年1月1日起算。若数据库在上述规定的期限届满前以任何方式向公众发布，则该权利的保护期限应自数据库首次向公众发布之日次年1月1日起15年失效。对数据库内容进行定性和/或定量评估的任何重大变化，包括因不断增加、删除或修改而累积产生的任何重大变化，如果会导致数据库被视为一项重大的新投资，经定性和/或定量评估，则应使该投资所产生的数据库符合其本身的保护期限。

第 8 章　邻接权

第 46 条　表演者的许可

（1）表演者一词指以任何方式演出或表演作品的人，如演员、音乐家、歌手、合唱歌手、舞蹈演员、木偶演员、皮影戏艺术家、综艺演员或马戏艺术家。

（2）表演者、表演艺术家有权许可或者禁止：

（a）固定其表演。

（b）以任何方式或形式全部或部分地直接或间接、暂时或永久复制其固定的表演。

（c）以出售或其他方式向公众发行录制其表演的记录介质。与录制其表演的记录介质相关的发行权在欧盟境内不得穷竭，除非在欧盟境内首次销售是由权利人或经其同意的。

（d）出租录制表演的记录介质。这种权利不会因任何销售或其他发行上述录制品的行为而穷竭。

（e）通过电磁波、卫星、电缆等任何方式播放以及向公众传播非法录制其现场表演的记录介质。

（f）以播放之外的任何方式向公众传播其现场表演。

（g）通过有线或无线方式向公众提供其表演的录制品，以便任何人都可以在其单独选择的地点和时间访问该表演记录介质。这项权利不得因本条款含义内的任何向公众提供的行为而穷竭［第 2001/29 号指令第 4 条第（2）款、第（3）款和第（4）款；经第 4996/2022 号法律第 36 条修订；第 2006/115 号指令（欧盟）第 1 条、第 3 条第（1）款（b）项和第 6 条］。

（3）除非合同条款与此相反，明确规定哪些行为是授权的，否则，如果表演者与从事上述行为的一方订立了以实施这些特定行为为目的的雇佣合同，则应推定上述第（2）款所列行为是授权的。表演者对上述第（2）款所列的每一项行为，不论其表演的利用形式如何，均应随时保留获得报酬的权利。特别是，表演者如果授权声音或影像或视听录制品的制作者出租载有其表演的录制品，应保留获得公平租金的不可放弃的权利。

（4）凡乐团演出的，组成乐团的表演者须以书面形式选举和委任一名代表，行使上述第（2）款所列权利。此代表不得包括管弦乐队指挥、合唱团指

挥、独奏家、主要角色演员和主要导演。乐团的表演者未能委任代表的，由乐团团长行使上述第（2）款所列权利。

（5）禁止在表演者生前转让和放弃第 2 款规定的权利。可委托第 4481/2017 号法律（第 A' 100 号）第 12 条规定的集体管理组织管理和保护这些权利。

（6）第 15A 条、第 15B 条、第 32 条、第 32A 条、第 39 条和第 39A 条也应参照适用于表演者或表演艺术家签订的许可和使用合同［第 4996/2022 号法律第 27 条第（1）款修改了第 5 款，第 27 条第（2）款补充了第（6）款；第 2019/790 号指令（欧盟）第 18 条至第 23 条］。

第 47 条　录音录像制作者的许可

（1）录音制品制作者（声音录制品制作者）有权许可或禁止：

（a）以任何方式或形式直接或间接、暂时或永久复制其全部或部分录音制品。

（b）以销售或其他方式向公众发行他们制作的上述录音制品。在欧盟境内，有关上述录音制品的发行权不得穷竭，除非在欧盟境内首次销售是由权利人或经其同意进行的。

（c）出租和公开出借上述录音制品。该等权利不会因任何销售或其他发行上述录音制品的行为而穷竭。

（d）以有线或无线方式向公众提供其录音制品，使公众成员可以在其个人选定的地点和时间获取。本款意义上任何向公众提供录音制品的行为均不会穷竭本项权利。

（e）未经其同意进口在国外制作的上述录音制品，或从欧盟以外的国家进口，而录制者通过合同保留了在希腊的此类进口权［第 2001/29 号指令第 2 条，第 3 条第（2）款、第（3）款和第（4）款；经第 4996/2022 号法律第 37 条修订；第 2006/115 号指令（欧盟）第 1 条，第 3 条第（1）款（c）项和第 6 条］。

（2）视听作品制作者（录音制品或音像制品制作者）有权许可或禁止：

（a）以任何方式或形式直接或间接、临时或永久复制其影片的全部或部分原件和复制件。

（b）以销售或其他方式向公众发行上述录制品。在欧盟境内，有关上述录制品的发行权不得穷竭，除非在欧盟境内首次销售是由权利人或经其同意进行的。

（c）出租和公开出借上述录制品。该等权利不会因任何销售或其他发行上述录制品的行为而穷竭［经第 5043/2023 号法律第 67 条第（4）款修订］。

（d）以有线或无线方式向公众提供其影片的原件和复制件，使公众成员可以在其个人选定的地点和时间获取。本款意义上任何向公众提供影片的行为均不会穷竭本项权利。

（e）未经其同意进口在国外制作的上述录制品，或从欧盟以外的国家进口，而录制者通过合同保留了在希腊的此类进口权。

（f）通过卫星或电缆等任何方式播放以及向公众传播所述录制品［经第 4996/2022 号法律第 38 条修订；第 2006/115 号指令（欧盟）第 1 条，第 3 条第（1）款 d 项和第 5 条］。

（3）录音制品制作者，是指发起并对实现一系列声音首次固定负有责任的任何自然人或法人。影像制品或音像制品制作者，是指发起并对实现一系列有声或无声影像首次固定负有责任的任何自然人或法人。

第 48 条　广播、电视组织的许可

（1）广播、电视组织有权许可或禁止：

（a）以无线电波、卫星、电缆等任何方式传输其广播。

（b）向公众传送其广播。

（c）将其广播固定在录音或音像制品上，不论该广播是通过有线或无线传送，包括电缆或卫星传播。

（d）以任何方式和形式，直接或间接、临时或永久复制其广播的全部或部分固定，不论该广播是通过有线或无线（包括电缆或卫星）传送的。

（e）通过销售或其他方式向公众发行固定其广播的录制品及其复制件。对于载有其广播录制品的设备，在欧盟境内的发行权不得穷竭；但权利人或经其同意在欧盟境内首次销售的情况除外。

（f）出租和公开出借固定其广播的录制品。该等权利不会因任何销售或其他发行上述录制品的行为而穷尽。

（g）向公众提供［经第 5043/2023 号法律第 67 条第（5）款修订］。

（h）通过有线或无线方式向公众提供，使任何人都可以在其单独选择的地点和时间收听其广播的内容。该等权利不得因本规定所指的向公众提供的

任何行为而穷竭［第 2001/29 号指令第 2 条，第 3 条第（2）款、第（3）款和第（4）款；经第 4996/2022 号法律第 39 条修订；第 2006/115 号指令（欧盟）第 1 条、第 6 条、第 7 条第（2）款和第（3）款以及第 9 条第（1）款（d）项］。

（2）广播或电视组织仅通过有线方式转播广播或电视组织的广播时，不享有上述第（1）款（c）项规定的权利。

第 49 条　获得合理报酬的权利

（1）以无线电波、卫星、电缆等任何方式用于电台、电视台广播或者向公众传播的，用户应当向录音制品的表演者和录制者一次性支付合理的报酬。该报酬应仅支付给集体管理协会。上述集体管理协会应负责谈判和商定报酬数额，提出付款要求和向用户收取报酬［经第 4481/2017 号法律第 54 条第（6）款（a）项修订，且不影响第 4481/2017 号法律第 53 条第（11）款的规定，第 4481/2017 号法律第 54 条第（1）款（b）项将“不影响第（11）款”误写为“不影响第（12）款”］。

（2）在不影响根据本法第 54 条至第 58 条运作的集体管理协会权利管理和报酬收取的强制转移的前提下，表演者获得上述第（1）款规定合理报酬的权利不得转让。

（3）收取的报酬，50% 分配给表演者，50% 分配给录制者。收取的报酬应当按照包含在各集体管理协会细则中由表演者和录制者签订的协议，在各表演者和录制者之间分配。

（4）表演者因广播、电视转播其表演，有权获得合理报酬。在不妨碍根据本法第 54 条至第 58 条规定将权利管理和报酬收取转移给集体管理协会可能性的情况下，不得转让本款规定的获得合理报酬权。

（5）以无线电波、卫星、电缆或者向公众传播等方式通过电台、电视台播放影像或音像制品的，使用人应当向在该录制品中进行表演的表演者支付合理报酬。本条第（1）款第二句和第三句以及第（2）款和第（4）款的规定应参照适用［经第 4481/2017 号法律第 54 条第（6）款（b）项修订，且不影响第 4481/2017 号法律第 53 条第（11）款的规定，第 4481/2017 号法律第 54条第（1）款（b）项将“不影响第（11）款”误写为“不影响第（12）款”］。

（6）废除第 4481/2017 号法律第 54 条第（6）款（c）项，不影响第 4481/2017 号法律第 53 条第（11）款。第 4481/2017 号法律第 54 条第（1）

款（b）项将"不影响第（11）款"误写为"不影响第（12）款"。

（7）单一集体管理协会成立期间的未决诉讼，由原当事方继续进行，直至该诉讼不可撤销地解决（经第 3905/2010 号法律第 46 条补充）。

第 50 条　人身权

（1）表演者在其有生之年，有权要求其表演者的身份得到充分承认和认可，并有权禁止对其表演进行任何形式的更改。

（2）表演者死亡后，其人身权应传给其继承人。

（3）表演者的人身权，参照适用本法第 12 条第（2）款和第 16 条的规定。

第 51 条　出版者的权利

印刷品出版者有权许可或者禁止以利用为目的通过复印、电子或者任何其他方式复制其出版作品的排版和分页格式。

第 51A 条　对先前未发表作品的保护

著作权保护期限届满后，首次合法出版或依法向公众传播先前未发表作品的，应享受相当于作者财产权的保护。该等权利的保护期限为该作品首次合法出版或依法向公众传播之时起 25 年，自首次合法出版或依法向公众传播后次年 1 月 1 日起算。

第 51B 条　有关在线使用新闻出版物的保护——授权条款

（1）此处所称"新闻出版物"是指主要由新闻性质的文学作品构成的专辑，但也可以包括其他作品或受保护客体，且：

（a）构成期刊或定期更新的单一标题出版物中的单个项目，例如报纸或者普通或特殊兴趣期刊；

（b）旨在向公众提供与新闻或其他主题相关的信息；及

（c）在服务提供商的倡议、编辑责任和控制下于任何媒体上出版。出于科学或学术目的而出版的期刊（例如科学期刊）不属于此处的新闻出版物。

（2）在第 81/2018 号总统令（A' 151）第（1）款（b）项*含义范围内，

---

* 此处原文未提及是第几条。——译者注

成员国内设立的新闻出版物出版者有权授权或禁止：

（a）以任何方式和形式直接或间接、临时或永久复制全部或部分内容；

（b）通过有线或无线方式向公众提供，以使任何人都可以从其个人选择的时间和地点访问它们。上述权利不适用于个人用户私人或非商业性地使用新闻出版物、使用出版物的个别文字或非常简短的摘录以及设置超链接的行为。使用非常简短的摘录应被推定为不影响出版者权利的有效性。特别是当使用摘录取代出版物本身或阻止感兴趣的一方阅读它的时候，则视为影响了出版者权利的效力。

（3）第（2）款规定的权利不得损害根据国家法律和欧盟法律向作者和其他权利人提供与纳入新闻出版物的作品或其他受保护客体有关的权利。不得针对这些作者和其他权利人援引第（2）款的权利，特别是不得剥夺他们利用其独立于所在的新闻出版物的作品和其他客体的权利。当基于非独占许可将作品或其他受保护客体纳入新闻出版物时，不得援引第（2）款规定的权利来禁止其他受权用户使用。同样，不得援引第（2）款的权利来禁止使用作品或其他客体——当基于非独占许可将作品或其他客体纳入新闻出版物时，不得援引第（1）款规定的权利来禁止其他授权用户的使用。同理，援引第（2）款规定的权利不得禁止使用保护期限届满的作品或其他受保护客体。

（4）已被纳入新闻出版物的作品的作者应在新闻出版者从信息社会服务提供商处获得的年收入中提取一定的比例。如果出版者根据附属劳动合同雇用的作者少于60%，则前一句规定的百分比为出版者年收入的25%；如果出版商雇用的附属劳动关系雇员超过上述百分比，则前一句规定的百分比为出版商收入的15%。作者的权利是不可剥夺的，但由集体管理组织管理的权利除外；相反的合同条款无效。符合条件的作者包括领取养老金或伤残抚恤金的作者。

（5）出版者从信息社会服务提供商处获得的报酬应根据下列因素确定：保护客体的在线流量、信息社会服务提供商和出版者的活动年限和市场份额、每个出版者雇用的媒体人数量、经济效益以及任何其他被认为适当的计算标准。根据希腊电信和邮政委员会（EETT）全体会议决议颁布了一项条例，其中具体规定了前一句的标准。

（6）如果在任一利益相关方发出开始谈判邀请后的60天内，未能就报酬金额达成一致，各方可在随后的30天内提出请求，并在其中具体说明其财务建议，要求希腊电信和邮政委员会根据其（B' 4660）第1004/40/30.8.2021

号决定第 5 条关于设立委员会、听证委员会和工作组能力的规定，设立特别委员会。委员会呼吁双方在 30 天内就本款第一句的要求提交一份备忘录，并在双方提交备忘录的情况下，设定反驳对方备忘录的最后期限。随后，委员会将根据其希腊电信和邮政委员会第 1004/40/30.08.2021 号决定第 3 条关于机密文件处理的规定，在其确定的意见和资料提交期限起 60 天内，就报酬的合理数额向相关方（即使双方均未参与之前的程序）出具保密意见。允许在司法中使用前述第（5）款所涉希腊电信和邮政委员会条例关于报酬合理数额的计算标准。为了有效行使其咨询职权，委员会可在发布意见之前通过决定要求任何相关方向其提供所有必要的财务数据，以便根据第（5）款所述条例规定的标准确定上述报酬，并规范维持出版者内容在提供商搜索结果中的可见性。如果不遵守前一句的决定，委员会可对违规方处以 5 万—1000 万欧元的行政罚款。如果各方在本款第一句至第五句的程序中最终就报酬金额达成一致，他们应以联合声明的方式通知委员会，从而避免采取进一步行动。根据财政部部长、文化部部长以及数字治理部部长的联合决定，作为受理条件，确定希腊电信和邮政委员会审查为发表结论性意见而提交的申请所需的酬金数额。

（7）如果没有任何一方在第（6）款规定的委员会发表意见的期限内提出申请，或至少有一方不接受该委员会的意见，并且一般而言，如果双方未能就酬金数额达成协议，则根据任何一方的请求，由雅典初审独任法庭依照民法典中的财产纠纷解决程序，通过临时措施，初步确定这一数额。在任何诉讼当事人根据民法典第 691 条规定的程序提出申请后，负责临时和最终确定报酬的法院可以在指定的听证会之前提出要求：

（a）责令各方当事人提交确定薪酬所需的证据；

（b）对出版者内容在提供商搜索结果中的可见度进行临时规范；及

（c）对任何违反其命令的行为处以 5 万—1000 万欧元的罚款，并收归国库［经第 4996/2022 号法律第 18 条补充；第 2019/790 号指令（欧盟）第 3 条第（4）款和第 5 条第（1）款至第（3）款］。

第 52 条　许可的种类，权利的限制、期间以及其他事项规定

本法第 46 条至第 51B 条规定的权利，应当遵循下列规则：

（a）有关上述权利的协议，必须以书面形式订立，方可成为有效的法律协议。

（b）对著作权中财产权的限制，应参照适用。

（c）本法第 46 条和第 49 条对表演者的保护期，自表演之日起 50 年届满，但不得短于艺术家的有生之年。然而：

如果在此期间以录音制品以外的其他媒介录制的表演已发表或合法地向公众传播，则该权利自首次出版或首次向公众传播之日起持续 50 年，视首次发表或传播之日而定；如果将表演制作为录音制品在此期间出版或合法地向公众传播，则该权利自首次出版或首次向公众传播之日起 70 年届满，取决于哪一种行为最先发生。

（d）录音制品制作者（声音录制品制作者）的权利在材料纳入录音制品后 50 年期限届满。但是，如果录音制品在此期间合法出版，其权利自首次合法出版之日起 70 年后失效。如果在第一句中提到的期限内没有合法出版，但在此期间录音制品已合法向公众传播，则权利自首次合法向公众传播之日起 70 年后失效。然而，如果由于本款规定的保护期限已过，按照 2001 年 5 月 22 日欧洲议会和理事会关于协调信息社会中著作权及邻接权某些方面的第 2001/29 号指令（欧盟委员会）修订前的措辞，录音制品制作者的权利自 2002 年 12 月 22 日起不再受到保护，则本款不具有重新保护这些权利的效力〔第 2001/29 号指令第 11 条第（2）款〕。

（aa）如果录音制品合法出版 50 年后，或在没有合法出版的情况下，录音制品合法向公众传播 50 年后，录音制品制作者没有出售足够数量的录音制品以满足市场需求，或没有通过有线或无线方式向公众提供录音制品，使公众成员可以在其个人选定的地点和时间获取的，表演者或表演艺术家可以终止其授予录音制品制作者至少享有复制、发行和向公众提供其表演的物质载体的权利的合同。如果制作者在表演艺术家向其发出书面通知，表示有意根据前一句话终止合同后 1 年内未实施前一句话所述的两项利用行为，则制作者可行使终止合同的权利。如果这些权利已转让给第三方，则根据（gg）的规定，书面终止应针对（gg）中定义的制作者。

（bb）（aa）第一句的合同赋予表演者要求非经常性报酬权利的，表演者有权在该录音制品合法出版后第 50 年起，或在该录音制品合法向公众传播后第 50 年起，每满一年从录音制品制作者处获取年度补偿性报酬。必须在每个财政年度结束后的 6 个月内支付报酬。表演者不得放弃获得年度补偿性报酬的权利。

（cc）录音制品制作者为支付（bb）所述年度补偿性报酬而拨出的总额，

应相当于其支付上述报酬的前一年，在该录音制品合法出版或向公众传播后第 50 年，从复制、发行和向公众提供该录音制品中所获收入的 20%。

（dd）（bb）中所述获得年度补偿性报酬的权利，由表演者集体管理协会实施。

（ee）录音制品制作者应按要求每年和全部（针对所有有权获得年度补偿性报酬的表演者和所有录音制品制作者）向负责收取（bb）年度补偿性报酬的集体管理协会提供所需的任何资料，以确保支付该报酬。

（ff）在表演者或表演艺术家有权获得经常性付款的情况下，不得从这些付款中扣除在录音制品合法出版 50 年后，或在没有合法出版的情况下，在录音制品合法向公众传播 50 年后，支付给表演者或表演艺术家的与特定录音制品有关的预付款或合同规定的留存额。

（gg）就上述（aa）至（ff）而言，"录音制品制作者"系指主要权利人或其继承人或准继承人，或任何受让相关权利的第三方。

（h）视听作品制作者（声音或声音和图像记录介质的制作者）的权利期限定义为材料纳入后 50 年。但是，如果在此期间发生了记录介质的合法出版或向公众的合法传播，则这些权利自首次出版或向公众首次传播之日起持续 50 年，取决于哪种行为首先出现。

（i）本法第 48 条规定的广播组织的权利期限被定义为广播节目首次传输后 50 年，无论该广播节目是通过有线或无线方式传输的，包括有线或卫星传输或任何其他方式传输。

（z）本法第 51 条规定的出版者权利期限为作品最终出版后 50 年。

（k）本条（c）项、（d）项、（e）项和（f）项*规定的期限应从事件发生后次年 1 月 1 日起算。

（l）以卫星和有线转播向公众传播的，表演者或表演艺术家、录音制品或录音录像制品制作者以及广播组织的权利受本法第 8 章的规定保护，并相应适用本法第 35 条第（3）款和第（4）款的规定。

（m）第 51B 条规定的权利应在新闻出版物出版后 2 年到期。该期限应从相关新闻出版物出版之日次年起算［经第 4996/2022 号法律第 19 条修订；第 2019/790 号指令（欧盟）第 15 条第（4）款］。

（ma）第 5A 条参照适用于本法的相关权利［经第 4996/2022 号法律第 40 条和第 2006/115 号指令（欧盟）第 3 条第（1）款（b）项和第 6 条补充］。

---

* 该条原文无（f）项。——译者注

第53条 著作权的保护

本法第46条至第52条规定的保护应当保持不变，不影响对著作权的保护。在任何情况下，对上述条款任何规定的解释，均不得减损该保护。表演者、录音或影像或音像制品制作者以及广播电视组织、出版者除取得邻接权外，还取得著作权的，该等权利相互并行适用，并赋予由此产生的权利。

第9章 集体协会的管理

第54条 管理的指定

第（1）款至第（4）款失效〔与第4481/2017号法律第54条第（1）款一并废除，但不影响第4481/2017号法律第53条第（11）款〕。

第（5）款至第（6）款失效〔与第4481/2017号法律第54条第（1）款一并废除，但不影响第4481/2017号法律第54条第（14）款〕。

第（7）款至第（9）款失效〔与第4481/2017号法律第54条第（1）款一并废除，但不影响第4481/2017号法律第53条第（11）款〕。

（10）集体管理组织很有可能由于缺乏自有资金而无法履行其义务，特别是无法代表权利人收取款项并将其归于权利人的，文化部部长在与希腊版权组织协商后，可采取预防性行政措施委任一名临时专员，任期为6个月；可连任2次，每次最多6个月（经第4514/2018号法律第127条修订）。

临时专员应确保使用者支付款项，并将其归于权利人。同时，临时专员应代表该组织为维护其所代表权利人的利益而提起任何法律诉讼和上诉，并应在司法程序和非司法程序以及因其决定或行为而引起的任何争议中代表该组织，以保障权利人的权利。为实现上述目标，临时专员自其任命通知在政府官方公报上刊登之日起，取代该组织的行政工作。

同时，临时专员须果断介入，立即撤销非由专员自身作出的任何行为或决定，以免扰乱该组织的运作并避免其破产。理事会应随时向临时专员通报其他管理问题，临时专员不同意可能影响该组织生存或权利人利益的决定或行动的，应自行作出决定。

临时专员由文化部部长从具有公认声望并在商业或组织管理或财务或法律事务方面具有足够专业经验的人员中遴选。不得援引临时专员的任命作为修改或终止该组织作为当事方的任何合同或协议的理由。

集体管理组织的管理机构和雇员应立即向临时专员提供所要求的任何资料或数据，以帮助其履行职责。临时专员在履行职责时，其法律责任仅限于恶意和重大过失。

为了协助临时专员工作，希腊版权组织可根据临时专员的提议，与法律、财务或技术顾问以及行政人员签订服务协议，但该等人员及其薪酬须经文化部部长批准。

各部委、独立机构以及一般政府内受公法和私法管辖的法人长期雇员可借调到希腊版权组织，以便协助临时专员工作［经第 4829/2021 号法律第 20 条第（1）款修订］。借调员工将获得其所在组织的全部薪酬。上述酬金将从希腊版权组织预算中列支。

服务协议以及任何借调的期限不得超过临时专员的任期。

临时专员的薪酬，应根据希腊版权组织的建议，在其任命决定中确定；并按前文规定，连同管理费用和受聘协助其工作的人员的薪酬，从希腊版权组织预算中列支。

关于协助临时专员工作的人员超过法定工作时间的补偿，应适用第 4354/2015 号法律（A'176）第 20 条第（C）款（2）项 a 目的规定。上述强制性加班的补偿应由临时专员证实，并从希腊版权组织预算中列支。

专员应在每个月底向文化部部长提交一份关于其活动的简要报告以及次月日程安排和其任期结束时的综合报告。临时专员的任期应在其获委任的任期届满时终止。否则，文化部部长可基于履行职责有关或需要重组机构的事由，通过合理决定，撤销对临时专员的任命［经 4481/2017 号法律第 54 条第（15）款(a)项修订］。

注：有下列任一情况的，经本法修订的第 2121/1993 号法律第 54 条第（10）款不再适用：

（a）临时专员的任命因上述规定所列任何事由而被文化部部长决定撤销或终止的；或

（b）专员是根据本法第 52 条第（2）款［第 4481/2017 号法律第 54 条第（15）款（b）项］任命的。

第 55 条　集体管理协会的权限

（1）集体管理协会应当有权履行下列职能：

（a）与使用者订立合同，载明作品的使用条件和应支付的酬金；

（b）确保作者获得本法第 32 条第（1）款所述百分比费用；

（c）收取酬金，必要时在作者之间分配；

（d）在作者之间收取和分配本法第18条第（3）款规定的酬金；

（e）执行一切必要的行政、司法和非司法任务，以确保依法保护作者和其他权利人的权利，特别是采取法律措施和法庭诉讼，提出申诉和提交文书，作为民事原告出庭，根据本法第64条的规定，寻求制止侵犯其受保护权利的行为，并请求没收非法复制件；

（f）从使用者处获取计算、收取和分配酬金所需的一切资料；

（g）与公共机构合作，或根据本法第64条所述程序，在出售、出租和出借受其保护的作品复制件的卖场以及在公开表演作品时进行一切必要的检查，以防止侵犯作者的权利，集体管理协会设立法可将其权利限制在上述部分范围内。

（2）对于以书面形式向集体管理协会作出转移声明或已向协会授权的所有作品或作者，应推定该协会有权管理和/或保护该等作品或作者的权利。经文化部部长批准运作的集体管理协会行使本法第49条第（1）款所述一次性合理报酬权，应推定该集体管理协会毫无例外地代表所有本国和外国受益人及其所有作品。在此情况下，针对每一类受益人有多个集体管理协会的，只要权利完全由主管集体管理协会共同行使，也应作出相同推定（经第3905/2010号法律第46条补充）。不论其获授权是基于权利转移还是授权书，在任何情况下，该集体管理协会均有权以自身名义采取司法或非司法行动，并完全合法地行使所有转移的权利或获得的授权。

（3）集体管理协会为其保护的作品或作者寻求法院保护时，不得要求其提供未经许可利用的所有作品的详尽清单，可以只提供抽样清单。

（4）权利人就集体管理协会对某件作品的权限提出异议，而该作品被推定包括在上文第（2）款所述声明中，并因此在该声明的基础上被列入集体管理协会与某一使用者订立的合同的，集体管理协会应为该使用者的案件辩护，并在随后的任何法院诉讼中提供一切可能的协助。判定无权处分该作品的，除接受任何处罚外，还应向与其签订合同的使用者支付赔偿金，其数额应根据特别保障措施确定。本规定不适用于本法第49条第（1）款所述强制性集体管理的情形（经第3905/2010号法律第46条补充）。

第56条　与使用者的关系

（1）集体管理协会向使用者提供利用向其转让的作品的设施时，应当要求使用者支付本法第32条第（1）款规定的百分比费用。本法第32条第（2）款规定的关于收费百分比的例外，不适用此情形。

（2）若无正当理由，集体管理协会不得拒绝与使用者订立第55条第（1）款（a）项所述合同。意向使用者认为集体管理协会所要求的报酬明显高于在类似情况下通常须支付金额的，该使用者在使用之前，要么向集体管理协会支付其要求的酬金，要么请求初审法院根据保障措施裁定在类似情况下通常须支付的金额。有关酬金的最终判决，应由主管法院作出。

（3）在争议出现前，代表使用者的组织可连同集体管理协会，通过书面协议决定委任一名仲裁员，特别应注明其姓名或职位，以确定用户应支付的酬金数额。在最终决定应当支付的酬金前，仲裁员可以责令使用者缴纳预付金。由此任命的仲裁员应具备解决争议的专有权限。仲裁员的裁决应当是公正的。文化部部长可以自行决定任命一名仲裁员。在该情况下，争议各方应自愿并同意诉诸该仲裁员。集体管理协会应当编制使用者须支付的酬金清单（收费表），并在不少于三种每日期刊上发布，其中一种为财经期刊。集体管理协会在编制和实施收费表时，应避免出现不一致和差别对待。集体管理协会和代表使用者的组织可签订协议，规定任何类别受益的使用者应支付的酬金，以及在适用随后修订的现行法律框架内涉及双方关系的任何其他事项。

（4）为便利第55条第（1）款（a）项、（b）项、（c）项和（d）项所述情形下的行动，使用者应毫不迟延地向集体管理协会提供其正在制作、出售、出租或出借复制品的作品清单，连同制作或发行复制件的确切数目，以及他们正在公开表演的作品清单，连同有关表演频率的陈述。

（5）集体管理协会与使用者之间就使用者须向集体管理协会支付的酬金所发生的任何争议，可提交仲裁。仲裁员从版权组织每两年起草的名单中选任。在起草上述名单时，必须考虑集体管理协会和使用者的意见。关于所有其他事项，相应地适用民法典第867条及其后各条的规定。

第57条　与作者的关系

（1）集体管理协会无正当理由不得拒绝为任何特定作者管理和/或保护该作者和作为集体管理协会管理对象的财产权所产生的权利。

（2）集体管理协会应每年与向其移交权利的作者协商，以便作者就确定酬金数额的规则、收取和分配酬金的方法以及与管理和/或保护其权利有关的任何其他事项发表意见。集体管理协会在管理过程中必须考虑该等意见。

（3）将其权利的管理和/或保护移交给集体管理协会的作者，连同代表其的社团，应有权获得集体管理协会活动的所有相关信息。

（4）作者将其所有作品移交给集体管理协会管理和/或保护的，应以书面形式向该协会提供有关该等作品出版的全部信息，并在其权利转移日之后出版新作品时通知协会。

（5）集体管理协会应当制定作者酬金的分配规则。分配应至少每年进行一次，并应在尽可能高的程度上与作品的实际利用相称。

（6）对于每一普通类别作者和每一种利用形式，集体管理协会应在其代收的酬金中确定一定比例，以支付其经费。作者在转移或授予其权利前，应被告知相关比例。只有经作者同意或提前一年送达通知后，才能增加固定比例。

（7）若有如此行为无可辩驳的正当理由，作者或集体管理协会有权终止转移财产权的协议。通知时间不少于3个月的，终止应自通知的日历年结束时生效。通知时间少于3个月的，终止应自下一日历年年末生效。

（8）作者批准或拒绝有线运营商进行有线转播的权利只能通过集体管理协会行使，其他所有事项适用本法第54条第（2）款的规定。权利人未将其有线转播权的管理转移给集体管理协会的，由经文化部批准管理同类权利的集体管理协会代为管理其有线转播权。有一个以上的集体管理协会管理该类权利的，权利人可自由选择委托其中之一管理其有线转播权。本款所述作者应享有与委托集体管理协会的权利人相同的权利和义务，并可在广播节目有线转播之日起3年内主张该权利。

（9）前款规定不适用于广播组织就其自身传送所行使的权利，不论有关权利是属于自己的，还是由其他著作权人和/或其他权利人转移给该组织的。

第58条 对邻接权的适用

第54条至第57条的规定应参照适用于本法第8章规定的邻接权的管理和/或保护。

第10章 防止侵权的措施

第59条 规范的实施和遵守

可根据文化部部长的建议颁布总统令，针对复制作品所用设备和其他材料制定规范，以防止或限制将该等设备和材料用于与正常行使著作权及邻接权相冲突的目的。

第 60 条　控制系统的使用

可根据文化部部长的建议颁布总统令，强制使用允许指定复制或使用的作品以及复制或使用的范围和频率的设备或系统，但该等方法不得对使用者的合法利益造成不合理的损害。

第 61 条　控制标签

可根据文化部部长的建议颁布总统令，规定只有当影像或录音或者音像录制品在外壳上或在另一显著位置贴附主管集体管理协会提供的任何类型特殊标记或控制标签，才表明其在市场上的发行或其他方式的流通不构成对作者权利的侵犯。

第 62 条　禁止解码

未经电缆、卫星等有线、无线传输加密节目的广播组织许可，禁止发行、使用和意图使用或为发行而持有解码设备。

第 63 条　侵权的中止或持续

（1）发现存在可能侵犯著作权的行为，例如明显意图非法公开表演戏剧、电影或音乐作品的，地方主管警察机关应作者或权利人的请求，应禁止该侵权行为。根据要求，检察当局应授予警察机关任何必要的权力。公开展示作品超过 2 日而未支付应有酬金的，亦应如此。

（2）颁发允许使用乐器或证明场地适宜性的城市许可证（经第 3905/2010 号法律第 46 条修订），或法律规定的使用场地表演音乐或其他作品的任何其他许可证，委托有权授权公开表演作品的集体管理协会管理的，申请人须提交该集体管理协会出具的演出授权书面证明。

（3）侵犯本法第 46 条、第 47 条和第 48 条规定的邻接权受益人的，亦适用本条第（1）款和第（2）款的规定。

第 11 章　法律保护

第 63A 条　证　据

（1）一方当事人提出合理可得证据，足以支持其关于侵犯或威胁侵犯本法规定权利的主张，并在证实该等主张时指明了由对方当事人控制的证据的，法院可以根据一方当事人申请，责令对方当事人提交该等证据。在商业规模侵权的情况下，法院还可应一方当事人申请，责令对方当事人提交其控制下的银行、金融或商业文件。大量复制件的存在应视为构成商业规模侵权行为的合理证据。无论如何，法院应确保秘密信息受到保护。

（2）在涉及侵犯本法所规定权利的诉讼中，应原告正当合理的请求，合议庭庭长或独任法庭的法官甚至可在开庭日之前，责令侵权人和/或下列任何其他人提供侵犯知识产权的货物或服务来源和分销网络的信息：

（a）被发现在商业规模上持有侵权货物；

（b）被发现在商业规模上使用侵权服务；

（c）被发现以商业规模提供用于侵权活动的服务；或

（d）由（a）项、（b）项或（c）项所述人员指示参与生产、制造或分销货物或提供服务。

（3）第（2）款所述信息应酌情包括：

（a）货物或服务的生产商、制造商、分销商、供应商和其他先前持有人以及意向批发商和零售商的名称和地址；

（b）关于生产、制造、交付、接收或订购的数量以及就有关货物或服务获得的价格信息。

（4）第（2）款和第（3）款应在不影响下列其他法律规定时适用：

（a）赋予权利人获得更充分信息的权利；

（b）规范根据本条第（2）款和第（3）款提供的信息在民事或刑事诉讼中的使用；

（c）规范滥用信息权利的责任；或

（d）使第（2）款所述人员有机会拒绝提供被迫承认其本人或其近亲属参与侵犯知识产权行为的信息；或

（e）规范信息来源秘密性保护或个人数据的处理。

（5）一方当事人被传唤出示第（1）款所述证据，但无正当理由未出示该证据的，要求出示或公告证据的一方当事人的主张应被视为已供认。任何一方无正当理由违反第（2）款所述法院命令的，除诉讼费用外，还应处以 5 万—10 万欧元的罚款，罚款应转交给税务局。

第 63B 条　诉讼费用

本法规定的一般法律费用应当包括任何其他相关费用。

本法所涉案件的诉讼费用和其他开支应包括当事人的任何其他相关开支，如证人费、律师费、专家和技术咨询费以及胜诉方查明侵权人的费用和其他合理开支。民事诉讼法典第 173 条及其后条款适用于任何其他事项。

第 64 条　禁令措施和预防性证据保全

（1）在指控侵犯第 46 条至第 48 条和第 51 条规定的著作权或邻接权或者数据库制作者特别权的案件中，一审法院独任法官应下令预防性扣押被控侵权人持有的构成侵权工具的物品或侵权产品或证据。除预防性扣押外，法院可以责令详细描述该等物品（包括拍照）。民法典第 687 条第（1）款应适用于该等案件，并应根据民法典第 691 条第（2）款发布临时命令。

（2）法院应下令采取禁令措施或预防性证据保全，无须详细说明被侵犯或被威胁侵犯的作品。

（3）法院可向被控侵权人发布禁令，以防止任何即将发生的侵犯本法规定权利的行为，或暂时禁止，并在适当情况下根据民法典第 947 条对每一侵权行为或持续侵权行为处以罚款。应适用民法典第 686 条及其后各条的程序，以确定是否违反所发布的禁令或民法典第 691 条第（2）款的相关规定。法院可以要求针对持续侵权行为提供旨在确保权利人获得赔偿的担保。法院还可下令预防性扣押或交出涉嫌侵犯本法规定权利的货物，以防止该等货物进入商业渠道或在商业渠道内流通。

（4）在商业规模侵权案件中，法院可下令预防性扣押被控侵权人的财产，包括冻结其银行账户。为此，法院可责令提交银行、金融或商业文件，或适当查阅有关资料。

（5）根据民法典第 687 条第（1）款，在适当情况下，特别是当任何延误都会对权利人造成无法弥补的损害时，可不经聆讯被告，而采取第（3）款和第（4）款所述禁令措施。该等情况下，如果法院的决定或命令在执行前或者执行中未通知被告的，应当在执行后首个工作日通知被告；否则，任何相关

诉讼行为无效。

（6）法院可采取第（1）款、第（3）款和第（4）款所述临时措施，条件是申请人须提供决定或临时命令中确定的担保和/或未提供担保，则应指明根据民法典第693条第（1）款对案件提起诉讼的时限，不得超过30日。逾期未提起诉讼的，依法解除禁令。

（7）临时措施因申请人的任何作为或不作为而被撤销，或者后来发现没有侵犯或威胁侵犯本法规定的权利的，法院可应被告请求，责令申请人就该等措施造成的任何损害向被告提供适当赔偿。

第64A条 禁 令

权利人可以针对其服务被第三方用于侵犯著作权或邻接权的中介机构申请禁令。数据库制作者的特别权亦应如此。

第65条 民事制裁

（1）在任何侵犯或威胁侵犯著作权或邻接权的情况下，作者或权利人可要求行为人承认该权利、停止侵权以及将来不会侵权。应申请人请求，停止侵权可包括：

（a）从商业渠道收回其认为侵犯本法规定权利的货物，并在适当情况下收回主要用于创造或制造该等货物的材料和工具；

（b）从商业渠道彻底移除；或

（c）销毁。

本款第一句所述权利，由权利人向其服务被第三方用于侵犯本法规定的权利的中介机构行使［第2004/48号指令第10条第（1）款和第11条］。

（2）故意或过失侵犯他人著作权或邻接权的，应赔偿他人因此遭受的精神损害；并应承担不低于针对侵权方未经许可实施利用形式的法律规定的或者通常应支付酬金两倍的损害赔偿责任。

（3）作为寻求损害赔偿的替代，无论侵权行为是出于故意还是过失，作者或邻接权人既可要求侵权方根据本法第46条至第48条和第51条支付未经许可利用作品或邻接权客体所得款项，也可要求侵权方支付从该利用中获得的利润。

（4）对于每一项导致侵权的不作为，法院可判令向作者或本法第46条至第48条和第51条所述邻接权人支付880—2900欧元的罚款［经第4481/

2017 号法律第 54 条第（7）款修订］，并处 1 年以下监禁。在根据保障措施规定的程序定罪时，同样适用。所有其他事项，根据民法典第 947 条之规定处理。

（5）本条的民事制裁相应地适用于债务人未向集体管理协会支付本法第 18 条第（3）款规定酬金的情形。

（6）本条的民事制裁亦适用于侵犯数据库作者的知识产权和数据库制作者特别权的情形。

第 65A 条　行政制裁

（1）未经授权且违反本法规定复制、销售或以其他方式向公众发行或以发行为目的而持有计算机程序的，不论是否受到其他制裁，均应对每一份非法复制的计算机程序处以 1000 欧元的行政罚款。

（2）对于抓捕的以销售或其他方式向公众发行或持有并意图发行已录制受著作权或邻接权法律保护作品的录音制品的街头小贩或店外兜售之人，根据逮捕侵权人期间起草的扣押报告，对每一份录音作出相当于非法录音制品的行政处罚（20 欧元）。行政处罚的最低限额为 1000 欧元。在商店内复制和发行声音的物质载体，同样适用［经第 3905/2010 号法律第 46 条补充和第 4481/2017 号法律第 54 条第 8 款（a）项修订］。

（2A）无任何合法权利且违反本法规定复制存储在任何技术存储介质（包括硬盘）上录音制品的，无论该技术存储介质是否嵌入计算机，处 1000 欧元行政罚款［经第 4481/2017 号法律第 54 条第 8 款（b）项补充］。

（3）根据财政部与文化部提议颁布的总统令可修订第（1）款和第（2）款所述行政处罚的数额和最低费率。

（4）负责该等规定和制裁执行的主管当局是特别管制部门（IPEE）、警察、港口（经第 3905/2010 号法律第 46 条补充）和海关当局，在发现侵权行为后，通过希腊版权组织通知权利人。

（5）由财政部、文化部联合发布决议，确定执行和征收罚款的程序、主管的征收服务项目和为适用本条规定所需的任何其他细节。

第 66 条　刑事制裁

（1）违反本法或依法批准的保护著作权多边国际公约的规定，非法固定作品或复制件，以任何形式、全部或部分、直接或间接、临时或永久地进行复制、翻译、改编、修改或转换，或以出售或其他方式向公众发行或意图发行、出租、通过无线电或电视或任何其他手段公开广播、以任何方式向公众传播作品或其复制件、未经作者同意而进口在国外非法制作作品的复制件，以及在一般情况下利用著作权保护对象的作品、复制件，或侵犯作者自由决定不经增删发行和向公众展示其作品的人身权的，处 1 年以下监禁，并处 2900—15000 欧元的罚金。

（2）上述制裁适用于任何违反本法规定或依法批准的保护邻接权多边国际公约规定，实施下列行为的人：

A）未经表演者许可：

（a）固定其表演；

（b）直接或间接、临时或永久地以任何方式或形式，全部或部分复制其表演的固定；

（c）向公众发行其表演的固定或为发行目的而持有；

（d）出租其表演的固定；

（e）通过无线电和电视以任何方式播放现场表演，除非该播放是合法广播的重播；

（f）向公众传播除无线电和电视播放外的任何方式所作的现场表演；

（g）以有线或无线方式向公众提供，使公众可以在其个人选定的地点和时间获取该表演的固定。

B）未经录音制品制作者（录音录制者）许可：

（a）直接或间接、临时或永久地以任何方式或形式，全部或部分复制其录音制品；

（b）向公众发行上述录音制品，或为发行目的而持有该等录音制品；

（c）出租所述录音制品；

（d）以有线或无线方式向公众提供该等录音制品，使公众可以在其个人选定的地点和时间获取；

（e）未经其同意，进口在国外制作的所述录音制品。

C）未经视听作品制作者（影像或音像录制品制作者）许可：

（a）直接或间接、临时或永久地以任何方式或形式，全部或部分复制其影片的原件及复制件；

（b）向公众发行上述录制品（包括其复制件），或出于发行目的而持有该等录制品；

（c）出租该等录制品；

（d）以有线或无线方式向公众提供该等录制品，使公众可以在其个人选定的地点和时间获取；

（e）未经其同意，进口在国外制作的所述录制品；

（f）以包括卫星和有线传输在内的任何方式，通过无线电或电视进行广播以及向公众传播。

D）未经广播和电视组织许可：

（a）以任何方式转播其广播；

（b）在公众可获取的地方向公众播放其广播，以收取入场费；

（c）将其广播固定在录音或音像记录中，无论广播是通过有线还是无线（包括电缆或卫星）传输的；

（d）直接或间接、临时或永久地以任何方式或形式、全部或部分复制其广播的录制；

（e）向公众发行包含其广播固定的录制品；

（f）出租包含其广播固定的录制品；

（g）以有线或无线方式向公众提供，使公众成员可以在其个人选定的地点和时间获取其广播的固定。

（3）实施上述第（1）款和第（2）款所列行为，所获得的经济利益或造成的损害特别重大的，处2年以上监禁，并处6000—30000欧元罚金。罪犯以职业或商业规模实施上述任何行为，或与实施该行为有关的情况表明罪犯对著作权或邻接权的保护构成严重威胁的，处10年以下监禁，并处500万—1000万德拉克马（CRD）罚金，并吊销作为该行为载体的企业营业执照。罪犯先前曾因违反本条规定或之前的著作权法律而被定罪并被判处不可撤销的监禁的，该行为同样应被视为以标准做法实施的。任何以重罪形式侵犯著作权和邻接权的行为，均由有管辖权的重罪上诉法庭3名法官组成的合议庭审理［经第4481/2017号法律第54条第（9）款（a）项修订］。

（4）不按本法第18条第（3）款的规定向集体管理协会支付酬金的，根据本条第（1）款、第（2）款和第（3）款的规定予以制裁。

债务人在一审法院独任法官作出裁决后，未根据本法第18条第（6）款的规定提交声明的，也将被判处同样的刑罚。

（5）上述第（1）款规定的制裁同样适用于下列任何人：

（a）使用或分销任何系统或手段，或者为意图分销而拥有，其唯一目的

是帮助未经许可而移除用于保护计算机程序的技术系统或使其失效；

（b）制造、进口或分销不符合本法第 59 条确定规范用于复制作品的设备和其他材料，或者为意图分销而拥有；

（c）制造、进口或分销可能妨碍上述规范效力的物品，或者为意图分销而拥有，或从事可能导致上述结果的行为；

（d）未使用本法第 60 条规定的设备或系统复制或者利用作品；

（e）发行或者为意图发行而持有未贴附本法第 61 条规定的特殊标志或管制标签的录音制品或影片。

（6）作为刑法典第 82 条第（10）款（b）项规定的例外，在转换扣押刑罚的情况下，将转换金额设定为刑法典对每一案件规定的转换金额限额的 5 倍 ［经第 4481/2017 号法律第 54 条第（9）款（b）项修订］。

（7）有减轻情节的，处以不低于本法规定应处最低罚金数额一半的罚金。

（8）未经授权对数据库进行临时或永久复制、翻译、改编、安排及任何其他更改，向公众发行数据库或其复制件，向公众传播、展览或演示数据库的，处 1 年以上监禁，并处 3000—15000 欧元罚金 ［经第 4481/2017 号法律第 54 条第（9）款（c）项修订］。

（9）未经作者授权而提取和/或再次利用数据库的全部或实质部分内容的，处 1 年以上监禁，并处 3000—15000 欧元罚金 ［第 96/9 号指令第 12 条，经第 4481/2017 号法律第 54 条第（9）款（c）项修订］。

（10）当侵权对象是计算机软件时，在侵权人无保留地缴纳行政费用，且侵权行为涉及数量不超过 50 项程序的情况下，该侵权行为在符合该条规定的先决条件后，具备第 65A 条第（1）款规定的可责性。

（11）当侵权对象涉及利用受著作权法保护作品制作的录音时，根据第 65A 条第（2）款规定无保留地缴纳行政费用，且在符合该条规定的先决条件后，不予起诉；侵权涉及的非法录音载体数量不超过 500 件的，驳回起诉 ［经第 4481/2017 号法律第 54 条第（9）款（d）项修订］。

（11A）如果违法行为涉及存储在任何技术存储介质或计算机上的录音制品（音乐创作），在规定情况下行为人根据第 65A 条第（2）款规定无保留地缴纳行政罚款，且涉及不超过 1000 首音乐创作的，不予起诉；已经起诉的，应驳回起诉 ［经第 4481/2017 号法律第 54 条第（9）款（e）项补充］。

（12）缴纳行政费用和不予或驳回刑事起诉，并不免除侵权人购买著作权和邻接权的义务，也不免除侵权人根据相关法律规定向该等权利人赔偿和支付其余费用的义务［经第4481/2017号法律第54条第（9）款（d）项修订和第4481/2017号法律第54条第（9）款（g）项重新编号］。

（13）在同一财政年度内再犯的，应双倍支付第65A条规定的行政费用。

第66A条　技术措施

（1）技术措施，是指在正常运行过程中，旨在防止或限制未经任何著作权及邻接权、数据库特别权权利人授权而利用有关作品或其他客体的行为的任何技术、装置或部件。受保护的作品或其他客体的利用是由权利人通过实施访问控制或保护程序，如对作品或其他客体的加密、加扰或其他转换，或复制控制机制来达到保护目的的，该技术措施应被视为"有效"。

（2）禁止未经权利人许可，在明知或有合理理由知道其正在实现该目标的情况下，规避任何有效的技术措施。

（3）未经权利人许可，禁止制造、进口、分发、销售、出租、发布销售或出租广告，或者出于商业目的持有下列装置、产品或部件或提供服务：

（a）以规避为目的宣传、广告或营销；或

（b）除规避以外，只有有限商业意义上的目的或用途；或

（c）主要是为了促成或帮助规避任何有效技术措施而设计、生产、改造或实施。

（4）从事违反上述规定的活动的，处1年以上监禁，并处2900—15000欧元罚金，并将受到第2121/1993号法律第65条的民事处罚。一审法院独任法官可根据民法典颁发禁令，也可适用第2121/1993号法律第64条的规定。

（5）对于第4章规定的限制（例外），涉及私人使用的影印复制（第18条）、教学活动的复制（第21条）、以研究为目的的文本和数据挖掘（第21A条）、有关文本和数据挖掘的例外（第21B条）、图书馆和档案馆的复制（第22条）、文化遗产的保护（第22A条）、出于司法或行政目的的复制（第24条）以及为残疾人的利益进行的复制（第28A条），第（2）款规定的法律保护不影响权利人向上述例外情况的受益人提供必要手段的义务，只要他们能够合法获取受保护的作品或其他客体。权利人未采取包括与受益于该例外情况的第三人签订协议在内的自愿措施的，权利人和受益于该例外情况的第三人可以请求从版权组织拟定的调解人名单中选定一名或者数名调解人协助。调解人向各方当事人提出建议。如在建议提交后1个月内没有任何一方提出异议，视为各方均已接受该建议。否则，争议由雅典上诉法院在初审和终审

 希腊知识产权法

中解决。该等规定不适用于根据约定的合同条款提供给公众的作品或其他客体，公众成员可以在其个人选定的时间和地点获取［第 2001/29 号指令第 6 条第（4）款；经第 4996/2022 号法律第 12 条修订；第 2019/790 号指令（欧盟）第 7 条第（2）款］。

第 66B 条　权利管理信息

（1）权利管理信息，是指由权利人提供的任何信息，该信息能识别作品和受邻接权或数据库制作者特别权保护的其他客体，并表明作者或任何其他权利人的身份，或关于使用作品或其他客体的条款和条件的信息，以及代表该等信息的任何数字或代码。

（2）禁止任何人在未经权利人许可的情况下，明知而从事下列任何行为：

（a）删除或变更任何电子权利管理信息；

（b）发行、为发行而进口、播放、向公众传播或提供作品或其他受邻接权或数据库制作者特别权保护的客体，而该等权利管理信息是未经授权而被删除或改变的；如果该人明知或有合理理由知道，其行为是在诱导、促成、帮助或隐瞒对任何著作权或邻接权或数据库制作者特别权的侵犯。

（3）违反上述规定的，处 1 年以上监禁，并处 2900—15000 欧元罚金，并将受到第 2121/1993 号法律第 65 条规定的民事处罚。一审法院独任法官可根据民法典颁发禁令，也可适用第 2121/1993 号法律第 64 条的规定。

第 66C 条　裁决的公布

民事或刑事法院关于本法规定权利的裁决，可应申请人的请求并由侵权人承担费用，责令采取适当措施，公布与裁决有关的信息，包括发布该裁决，并在大众媒体或互联网上公布该裁决的摘要或全文。

第 66D 条　道德守则和信息交流

（1）有关商业或专业协会以及集体管理协会或保护组织应制定道德守则，以便在国家、欧洲共同体或全球层面为行使本法规定的权利作出贡献；并建议在光盘中使用编码，以查明其制造来源。道德守则和对其实施的任何评估应提交欧盟委员会。

（2）针对本法规定权利的国家组织是希腊版权组织。

第 66E 条　网络权利的行使

（1）在互联网上发生侵犯著作权或邻接权的情况下，权利人可遵循本条规定的程序。在互联网上通过广告或促销提供产品或服务，侵犯著作权或邻接权的，权利人可遵循相同程序。就本条而言，权利人是指其权利在互联网上受到侵犯的权利人，以及被指派对著作权或邻接权进行集体管理或保护的任何集体管理组织或集体保护组织。该程序不适用于最终用户实施的侵权行为。本程序不影响希腊电信和邮政委员会对 . gr 的域名管理和分配条例确定的程序，该条例由希腊电信和邮政委员会的决定规定。

（2）为使本条规定的程序生效，根据文化部部长的决定，设立委员会，负责通报互联网侵犯著作权和邻接权的情况。委员会应得到希腊版权组织工作人员的协助，并使用该组织的场所。委员会由 3 名成员组成，包括由希腊版权组织行政委员会副主席替代的行政委员会主席，由希腊电信和邮政委员会主席指定的一名代表或其替代者，以及由希腊数据保护局局长指定的一名代表或其替代者。委员会主席应由希腊版权组织行政委员会主席担任，希腊电信和邮政委员会的代表应为其秘书。该委员会任期 3 年。

（3）与该委员会的组成、职能和权限有关的任何事项应由文化部部长决定。经第 4369/2016 号法律（A' 33）第 52 条修订的第 4354/2015 号法律（A' 176）第 21 条的规定，应适用于确定须支付给委员会成员的报酬。本款第一句的决定还应确定申请人在向委员会提出申请时应向希腊版权组织支付的作为审查费用的费用。该费用应预先支付，并应作为程序启动的先决条件。

（4）权利人应当面或者以电子方式提出制止侵权的申请。其应向委员会提交申请表，该表可在希腊版权组织的网站上获取。随附提交其中涉及的所有和任何必须提交的文件，以及支持其主张的任何补充证据。为使提交的申请得到受理，权利人必须利用提供者确定的、在合理时间内完成但尚无结果的相应程序。

（5）在收到申请后的 10 个工作日内，委员会应如（a）项予以备案，或如（b）项完成有关程序。

（a）案件应通过委员会决议备案，其中应至少提及下列理由之一：

aa. 未使用格式申请；

ab. 缺乏充分资料；

ac. 相同当事人之间的案件正在法院审理，或有待发布关于所涉争议的最

后裁决；

    ad. 超越权限；

    ae. 缺乏依据和充分证据（明显无确实证据）；

    af. 在审查前撤回申请；

    ag. 未按上述第（3）款规定支付审查费；

    ah. 取得使用许可。

（b）如程序完成，委员会须在收到申请后10个工作日内，同时通知互联网接入提供商，并在可能的情况下，通知主机供应商、网站和/或域名的管理者和/或所有者。

该通知应至少包括据称受到侵犯权利的确切定义、权利人宣称违反的法律规定、事件摘要和证据评估结果、可能遭受异议的主管人员、程序可终止的条件，并提及有关各方自愿遵守的可能性。

（6）申请所涉网站或域名的管理人或所有者可在收到通知之日起10个工作日内向权利人取得相关许可。收到该通知的人可在收到通知之日起5个工作日内自愿按照申请人的要求，以电子邮件方式通知委员会，或向委员会提交异议，据此同时提交主要证明并无侵权行为发生的所有证据。

经委员会决定，该期限可延长1倍。

收到通知的人自愿遵守要求的，委员会将发布决定，特别载明其自愿遵守要求。获得权利使用许可的，案件应予备案。

在提出异议的最后期限届满时，如认为有必要，委员会应要求其在5个工作日内提交进一步证据。

（7）在上述截止日期届满后5个工作日内，委员会应审查案件，并自提交申请之日起40个工作日内，将其决定通知申请人和收到通知的人。在此决定中：

（a）证实没有侵犯著作权或邻接权的，应当出具理由充分的意见，将案件备案；或

（b）侵权行为得到证实的，应当出具理由充分的决定，要求收到通知的各方自收到之日起3个工作日内予以遵守。

委员会根据上文第（5）款的规定决定延长上述期限的，本款第一句所述40个工作日的截止日期应延长至60个工作日。

（8）委员会证实著作权或邻接权受到侵犯的，应要求被通知者从非法发布的网站上删除侵权内容，或阻止对其访问，并采取委员会认为适当的任何

其他措施，以停止侵权，防止再次发生或/和防止侵权。

内容托管在服务器位于希腊境内的网站上的，委员会应要求收到通知的网站删除该等内容，并采取委员会认为适当的旨在中止侵权行为、防止再次发生或/和防止侵权行为的任何其他措施。发生大规模侵权行为的，委员会可决定不删除内容，而是阻断对该内容的访问，并采取委员会认为适当的任何其他措施，旨在中止侵权行为、防止再次发生或/和防止侵权行为。网站的服务器托管在希腊境外的，委员会应要求互联网接入提供商阻止对该内容的访问，并采取委员会认为适当的任何其他措施，旨在中止侵权行为、防止再次发生或/和防止侵权行为。

（9）委员会的决定发布并执行后，有可能出现以任何技术方式违反决定或决定中所述内容有重复侵权的威胁情况的，申请人可向委员会提出申请，并提供证据证明存在违反上述决定或上述重复侵权的威胁的情况，要求发布新决定，而无须重新支付第（3）款所述审查费。

（10）委员会应通过任何方式传达申请，通知该申请所涉网站或/和域名中所述管理人或所有者，并规定5日最后期限，以便上述所有者或管理人陈述其意见。委员会应在上述5日期限届满之日起10日内发布决定。委员会创建和更新包含域名和子域名或/和IP地址的目录，并以其证实侵犯著作权或/和邻接权以及关于禁止访问相关内容的决定为依据。

委员会应将根据本条发布的决定上传至希腊版权组织网站。

（10A）1. 权利人提交申请后，存在下列情况的：

（a）在互联网上大规模侵犯受保护的著作权和邻接权的行为即将发生，无论是全国性还是全球性的事件，都将与他们的行为同时传播；

（b）该侵权行为表明将通过某些统一资源定位器（URL）、IP地址或域名，支持以任何方式进行未经授权的订阅连接，特别是通过使用密码或解码器；且

（c）存在防止对公共利益或权利人造成直接、严重和紧迫危险或不可弥补损害的紧急情况，委员会可通过决定责令在与该事件及其持续时间相称的期间内禁止访问某些网站或域名，委员会认为，根据（a）项和（b）项的规定，存在权利即将受到侵犯的可能性就足以作出该决定。

2.（a）权利人最迟应在事件预定传输日期前15日向委员会提交申请。委员会受理申请后，发布一项决定，命令互联网接入服务提供商阻止对内容的访问，并采取委员会认为适当的任何其他措施，以终止侵权行为、防止再

次发生和/或防止在自发布决定起不少于 6 小时但不超过 12 小时的时限内发生侵权行为。在上述期限内，互联网接入服务提供商应向希腊电信和邮政委员会提交遵守委员会裁决的声明。即使允许通过三级或其他级别的域名访问内容，委员会的决定也可能会阻止访问二级域名。委员会的决定最迟在事件传播前 24 小时发布，并在同一时限内按照第 7 项中的详细通信信息通过电子邮件发送给权利人、服务提供商和希腊电信和邮政委员会。在互联网接入提供商阻止对内容的访问后，委员会应将该决定通知网站运营商以及该决定所述网站或域名的所有者，前提是知晓其身份。

（b）在违反委员会根据上述程序作出的决定的情况下，以及通过任何技术手段再次侵犯委员会上述决定中提及的内容的情况下，权利人可以向委员会提交关于违反该决定或再次发生侵权行为的补充证据，而无须支付新的审查费。如果根据提交的证据推断委员会的决定受到侵犯，或者通过任何技术手段再次侵犯上述决定中提及的权利或内容，则委员会将在必要时发布相关补充裁决。前项补充裁决之执行，依（a）项程序办理。

（c）委员会关于阻止非法传输访问的决定范围超出了该决定中明确提及的某些 URL、IP 地址或域名，扩展至上述决定发布后非法传输可能转移到的任何其他 URL、IP 地址或域名。

因此，如果通过任何技术手段将非法传输转移到新的 URL、IP 地址或域名，权利人可以在通知委员会的情况下，向希腊电信和邮政委员会相关部门提交有关违反决定或再次侵权的补充证据，而不受提交时间限制。即使在传输过程中，也无须支付新的费用作为审查费。

如果根据提交的证据推断委员会的决定被违反，或者通过任何技术手段再次侵犯上述决定中提及的权利或内容，希腊电信和邮政委员会相关部门应立即通过电子邮件向互联网接入提供商发出命令，阻止对额外的 URL、IP 地址或域名的访问，并通过电子邮件通知委员会。该命令有效期至委员会在一个月内发布相关补充决定为止。拥有超过 50000 名用户的互联网接入提供商，有义务在希腊电信和邮政委员会通知规定的时限内阻止对内容的访问，且不得超过希腊电信和邮政委员会指令发出后 30 分钟。委员会根据希腊电信和邮政委员会的建议，并特别考虑权利人提交的补充证据和希腊电信和邮政委员会相关部门的命令，应就第一项决定发布补充裁决，包括向委员会提交的所有补充证据。委员会应将前项所述裁决通知权利持有人、互联网接入提供商及其决定中提到的网站运营商和网站或域名所有者，前提是知晓后者的身份

［经第 4821/2021 号法律第 48 条第（2）款修订］。

3. 权利人最迟可在委员会作出决定之前，向委员会提交新的证据，特别是关于推断侵权行为所依据的域名、统一资源定位器或 IP 地址变更的新证据。

4. 委员会决定中所涉网站或域名的管理人和所有者，可在接到决定通知之日起 10 日内，向雅典行政法院提起诉讼。该诉讼不得自动中止执行委员会的决定。如果在上述时限内没有提起诉讼，或者起诉被法院驳回，责令禁止访问的决定将不可撤销。

5. 如果该诉讼因法院评估认为未满足本条第（1）款规定的条件而胜诉，则要求委员会发布决定的权利人应向提起法律诉讼并受委员会决定影响的网站或域名管理人或所有者支付赔偿。赔偿数额应根据情节、程度，并考虑权利人的合理行为或者滥用行为，酌情确定。

6. 为审查本条第（1）款规定的申请，须缴纳费用。根据文化部部长以及数字治理部部长发布的联合决议，将确定与权利人的申请、委员会的决定、费用的数额和支付方法有关的特别事项。

7. 委员会保存一份特别提供商登记簿，其中包括下列信息：提供商及其代表的姓名、公司名称、特别称谓和电子邮件地址。希腊电信和邮政委员会将任何联系方式告知委员会，并将提供商登记簿中个人详细信息的任何变更通知委员会［经第 4821/2021 号法律第 48 条第（7）款修订］。

8. 供应商不及时且不适当地履行本条第（1）款所述决定的主体部分以及第（7）款规定的通知和更新信息的义务的，适用本条第（11）款的规定（经第 4761/2020 号法律第 68 条补充）。

（11）不执行该决定的意见的，委员会应对每一行为处以每日 500—1000 欧元罚款。侵权行为的严重性及重复性应列为考虑的标准之一。财政部部长应配合文化部部长共同决定罚款的征收方式、征收的主管部门和所有其他相关事项。

（12）委员会程序的启动不影响或减损就同一争端诉诸法庭的权利。但是，案件是由同一申请人以相同理由提交法院的，委员会应将案件备案。此外，委员会发布决定并不妨碍有关当事方行使诉诸法庭保护其合法利益的权利。

（13）对于委员会的决定，可在通知后 60 日的截止日期内向雅典行政上诉法院起诉。起诉的截止日期及其行使不中止该决定的执行。雅典行政上诉法院可根据申请人的请求作出决定，分别适用行政诉讼法典的有关规定，中

止执行该决定。应当事人的请求而推迟聆讯的可能性只有一次，若有正当理由，应在尽可能接近的日期进行聆讯，除非有更多案件合并的情况。根据现行规定（由第 4761/2020 号法律第 68 条取代），对雅典行政上诉法院的裁决，可向国务委员会提出撤销原判的上诉。

第 66F 条　在线内容共享服务提供商的定义以及在线内容共享服务提供商对作品或其他受保护客体的使用

（1）本条框架内的"在线内容共享服务提供商"是指信息社会服务的提供商，其主要目的或主要目的之一是存储和向公众提供由其用户上传的大量受著作权保护的作品或其他受保护客体，并且该服务以营利为目的进行组织和推广。服务提供商，例如非营利性在线百科全书、非营利性教育和科学资源库、开源软件开发和共享平台、第 4727/2020 号法律（A' 184）所定义的电子通信服务提供商、在线交易平台、企业对企业云服务以及允许用户上传内容供自己使用的云服务不属于本法意义上的"在线内容共享服务提供商"。

（2）出于实施本条之目的，在线内容共享服务提供商在向公众提供用户上传的受著作权保护的作品或其他受保护客体时，即实施了向公众传播或向公众提供的行为。因此，在线内容共享服务提供商为了向公众传播或向公众提供作品或其他受保护的客体，应获得第 3 条第（1）款（h）项、第 36 条第（2）款（g）项、第 47 条第（1）款（d）项和第（2）款、第 48 条第（1）款（g）项以及第 51B 条第（2）款（b）项中提及的传播权和向公众提供权持有人的授权，特别是通过签订许可协议。

（3）当在线内容共享服务提供商获得授权时，该授权也应包括第（2）款规定的服务用户进行的传播和向公众提供的行为，前提是这些行为不是基于商业目的或其活动不会产生大量收入。

（4）当在线内容共享服务提供商根据本条所述条件实施传播或向公众提供内容的行为时，第 131/2003 号（A' 116）总统令第 13 条规定的责任限制不适用于本条涵盖的情形。在任何情况下，此处第一句均不影响总统令第 13 条对服务提供商的潜在实施，因其目的不属于本条范围。

（5）如未获授权，在线内容共享服务提供商应对未经授权的传播和向公众提供受版权保护的作品和其他受保护客体的行为承担责任，除非服务提供商根据比例原则证明他们已经：

（a）尽一切努力试图获得授权；及

（b）按照专业勤勉的行业高标准，尽一切努力确保特定作品和其他受保护客体无法获取，而权利人已为此向服务提供商提供了相关和必要的信息；并且在任何情况下；

（c）在收到权利人提供的证据充分的通知后迅速采取行动，以禁止访问，或从其网站上删除被通知的作品或其他受保护客体，并根据（b）项尽一切可能阻止其未来上传。上述免责条款不适用于以参与或协助盗版为主要目的的服务提供商。

（6）为确定服务提供商是否履行了第（5）款规定的义务，并根据比例原则，应特别考虑下列因素：

（a）服务的类型、受众和规模，服务使用者上传的作品或其他受保护客体的类型；及

（b）服务提供商是否有适当、有效的手段及其成本。

（7）作为第（5）款的减损，按照 2003 年 5 月 6 日欧盟委员会关于微型、小型和中型企业定义的建议书〔第 2003/361/EC 号指令（L 124）〕计算，向欧盟公众提供服务的时间不足 3 年，且年营业额低于 1000 万欧元的新在线内容共享服务提供商，应对未经授权传播和向公众提供作品及其他受保护客体的行为承担责任，除非能根据比例原则证明他们已尽一切努力获得许可，并在收到权利人有充分证据的通知后迅速采取行动，禁止访问或从其网站上删除通知所涉及的作品或其他受保护客体。如果按上一日历年计算，这些服务提供商的月平均独立访问量超过 500 万欧元，则这些服务提供商还应证明，他们已尽一切努力防止权利人已提供相关必要信息的被通知作品和其他受保护客体被进一步上传。

（8）在线内容共享服务提供商与权利人之间的合作不得妨碍获取用户上传的不侵犯著作权及邻接权的作品或其他受保护客体，包括例外或限制所涵盖的作品或其他受保护客体。用户可以上传和提供用户在线内容共享服务中生成的内容，用于：

（a）引用、批评、评论；和

（b）漫画、戏仿或模仿。

（9）本条的适用不应产生任何一般性监督义务。在线内容共享服务提供商应权利人的要求，向权利人提供充分的信息，说明其在第（5）款所述合作方面的运作情况，并在服务提供商与权利人签订许可协议的情况下，提供关于在线内容共享服务提供商与权利人之间的协议所涵盖内容的使用情况的

信息。

（10）在线内容共享服务提供商应建立有效、快捷的投诉和补救机制，以便其服务的用户因无法访问或被删除其上传的作品或其他受保护客体而产生纠纷时，可以利用该机制。如果权利人要求访问其被禁止访问的特定作品或其他受保护客体，或要求删除这些作品或其他受保护客体，他们应充分说明其要求的理由。应立即处理根据第一句规定的机制提交的申诉，不得无故拖延，禁止访问上传内容或删除上传内容的决定应接受公众审查。在权利人和用户之间发生争议时，可适用第 35 条第（9）款其余部分的规定，在一名或多名调解员的协助下解决争议。

注：（1）在线内容共享服务提供商应在其条款和条件中告知其用户，他们可以根据欧盟法律规定的著作权和邻接权的例外或限制，使用受保护的作品和其他客体。

（2）本条不允许识别个人用户或处理个人数据。个人数据的处理只能根据第 3471/2006（A'133）号法律［经第 4996/2022 号法律第 20 条补充；第 2019/790 号（欧盟）第 2 条第（6）款和第 17 条］的规定进行。

第 12 章　最终和过渡条款

第 67 条　适用的法律

（1）已发表作品的著作权，应受该作品首次合法公开出版国的法律管辖。未发表作品的著作权，应受作者国籍所在国的法律管辖。

（2）邻接权应受表演发生地，或者录音或影像或音像录制品制作地，或者广播或电视播放地，或者印刷出版物发行地国家的法律管辖。

（3）在所有情况下，对权利的主体、客体、内容、期限和限制的确定应受上述第（1）款和第（2）款所适用的法律管辖；但任何使用许可安排除外。对一项权利的保护应遵从寻求保护国家的法律。

（4）上述第（1）款、第（2）款和第（3）款应予适用，但与希腊批准的任何国际公约相抵触的除外。对于未与希腊共同加入一项国际公约的国家，上述第（1）款、第（2）款和第（3）款应适用于保护著作权或任何特定的著作权客体或任何特定的邻接权，只要相关国家的法律对在希腊首次公开发表的作品以及在希腊实施的行为所产生的邻接权提供充分的著作权保护。

第 68 条　法律不溯及既往

（1）本法施行前保护期限届满的作品，不受著作权保护。

（2）本法第 2 条第（3）款和第 40 条至第 53 条规定的保护，自本法生效之日起，适用于本法生效前创作的计算机程序以及过去实施行为所产生的邻接权。

（3）本法生效前订立的合同，自本法施行之日起 1 年内受旧法调整。

第 68A 条 历时法

（1）第 29 条、第 30 条第（1）款、第 31 条和第 52 条规定的保护期限应适用于 1995 年 7 月 1 日在至少一个成员国根据有关著作权和邻接权的国家法律受到保护的所有有关作品和邻接权。在本法生效前已成为共同拥有的、利用作品或受邻接权保护客体的第三方，可以同样方式、同样手段和同样程度，继续进行上述利用，直至 1999 年 1 月 1 日。第 30 条第（2）款规定的保护期限应适用于音乐作品，但该音乐作品或歌词须于 2013 年 11 月 1 日在欧盟至少一个成员国受到保护，并适用于在此日期之后创作的有歌词的音乐作品，且须尊重 2013 年 11 月 1 日前实施的任何利用行为和第三方的任何既得权利［经第 4481/2017 号法律第 54 条第（10）款（b）项修订］。

（2）1995 年 1 月 1 日以前有效的关于利用作品和其他受保护客体的协议，自 2000 年 1 月 1 日起适用本法第 35 条第（3）款的规定，但在该日期后失效。如果一个成员国的共同制作人与其他成员国或第三国的一位或多位共同制作人在 1995 年 1 月 1 日之前签订的国际联合制作协议明确规定，共同制作人对所有向公众传播手段利用权的地域分配制度，而不区分适用于通过卫星向公众传播的安排和适用于其他传播手段的规定，且通过卫星向公众传播会损害一位共同制作人或其受让人在某一特定领土内的排他性，特别是语言排他性，则在授权共同制作人或其受让人通过卫星向公众传播时，必须征得上述排他性受益人（无论他是共同制作人还是受让人）的同意。本法第 30 条规定的保护期限适用于有歌词的音乐作品，如果该音乐作品或歌词于 2013 年 11 月 1 日在欧盟至少一个成员国受到保护，也适用于该日期之后产生的有歌词的音乐作品，但不影响 2013 年 11 月 1 日之前实施的任何利用行为和第三方的任何既得权利。如果由于本规定，根据许可或合同转让或以其他方式让与给第三方的权利得以恢复，则保护期的延长应使最终受益人或其特别受让人获益；否则，制作人的继承人将受益。第 52 条第（1）款（c）项和（d）项规定的保护期限适用于，根据 2011 年 10 月 30 日生效版本中相关规定仍然受到保护的表演者或录音制品制作者表演的物质固定和录音制品，截至 2013 年 11

月 1 日，并适用于在该日期之后生效的表演和录音的固定（经第 4212/2013 号法律第 5 条补充）。

1a. 在合同没有相反明确表示的情况下，在 2013 年 11 月 1 日之前订立的第 52 条（aa）和（dd）下的转让或让与合同，应视为在第 52 条第（1）款（c）项规定的表演者不再受保护的时刻之后继续以第 2011/77 号指令实施条例纳入国内法之前的版本产生效力（经第 4212/2013 号法律第 5 条补充）。

（3）第 27A 条关于孤儿作品的规定，适用于自 2014 年 10 月 29 日起首次受到著作权或邻接权保护的所有作品和录音制品，但不得影响在上述日期之前实施的行为和获得权利的有效性（经第 4212/2013 号法律第 8 条补充）。

（4）有关行使著作权及邻接权的协议，其中涉及：

（a）通过有线或无线方式向公众传播作品或其他受保护客体，以及通过有线或无线方式向公众提供作品或其他受保护客体，使公众可以在其单独选择的时间和地点获取这些作品，这些行为是在提供在线服务、获取或使用此类服务的框架内发生的，并且在 2021 年 6 月 7 日生效，从 2023 年 1 月 7 日起受第 3B 条约束，条件是它们在该日期之后失效。第 3A 条范围内向公众传播行为所颁发的许可证，如果在 2021 年 6 月 7 日有效，则从 2025 年 6 月 7 日起受第 3A 条约束，条件是在该日期之后失效。

（5）第 3 条第（5）款，第 15A 条，第 15B 条，第 21 条，第 21A 条，第 21B 条，第 22A 条，第 27B 条，第 31A 条，第 32 条第（1）款、第（3）款和第（4）款，第 32A 条，第 34 条第（3）款，第 34A 条，第 39A 条，第 42 条第（7）款、第（8）款和第（9）款，第 45 条第（3）款，第 45A 条第（6）款最后一句，第 46 条第（5）款最后一句和第（6）款，第 51B 条，第 52 条第（1）款（z）项，第 66A 条第（6）款和第 66F 条，构成了修订第 96/9/EC 号和第 2001/29/EC 号指令的欧洲议会和欧盟理事会 2019 年 4 月 17 日关于数字单一市场中的著作权和邻接权的第 2019/790 号指令（欧盟）的实施，应自 2021 年 6 月 7 日起适用；2021 年 6 月 7 日之前已颁布的法令和已获得的权利不应受到损害。尤其是，第 51B 条第（6）款关于确定出版者从信息社会服务提供商处获得报酬的程序的规定，应自 2023 年 3 月 1 日起适用；在此之前，该条第（7）款直接适用。

（6）第 51B 条第（2）款不适用于 2019 年 6 月 6 日之前首次出版的新闻出版物。

（7）自 2022 年 6 月 7 日起，作者和表演者的权利许可或转让协议须遵守

第 15A 条规定的透明度义务［第 4996/2022 号法律第 55 条增加了第（4）款、第（5）款、第（6）款和第（7）款］。

第 69 条　版权组织的设立

（1）应在雅典注册地址设立一个由文化部管辖的私法法人，名称为"版权组织"。版权组织的宗旨应为保护作者和邻接权人，监督集体管理协会，执行本法和有关国际公约，制作有关著作权和邻接权问题的法律研究报告，并代表希腊与所有主管国际组织和欧洲共同体各机构联络。希腊版权组织也可举办任何形式的研讨会，对法官、律师、公务员、作者、邻接权人、教育工作者、学生进行著作权和邻接权的教育和宣传，并就著作权、邻接权和集体管理问题提供调解服务和时间标记服务，即提供与可能受著作权和/或邻接权保护的作品或保护对象有关的认证日期（时间标记服务）。版权组织在任何情况下均不得以本法第 54 条至第 58 条规定的权利管理为目的［经第 4481/2017 号法律第 54 条第（11）款修订］。

（2）希腊版权组织应得到每个集体管理组织年总收入 1% 的补贴，补贴应在每年 10 月 31 日之前根据上一年度的资产负债表缴纳，并根据公共收入征收法收取。集体管理组织的年度资产负债表应提交希腊版权组织和文化部。上述规定也适用于有义务编制年度资产负债表并提交希腊版权组织和文化部的集体保护组织。总收入是指统一会计计划中规定的收入。希腊版权组织还可以接受国际组织和欧洲共同体机构的赠款资助、赠与和遗赠、任何第三方的赠款以及因提供服务而应得的收入。希腊版权组织在开始运作时将从文化部预算中一次性获得 2000 万德拉克马拨款。版权组织还可以从文化部的资金或乐透彩票和亲乐透彩票的收益中获得补贴。

（3）关于版权组织在其总体目标框架内的工作重点和详细职权范围，总体目标的具体实现方式，权力的确切履行方式和行使程序，行政管理及其监督，内部结构和人员，服务收费（根据需要可由文化部部长决定调整），其科技、管理和辅助人员需求的确定，薪酬和所有其他细节等有关的事项，应由根据文化部部长、总理办公室部长和财政部部长的联合建议发布的总统令确定。

（4）版权组织是公益法人。版权组织不属于公共部门的一部分，不受公共会计规定的约束，也不受社会任务和公共工程及其他有关规定的调整。版权组织在私营经济规则下为公众利益运作，并受私法调整。

（5）版权组织享有国家的所有行政、经济和司法豁免以及所有程序和实体特权。

（6）希腊版权组织的建设合同、设计、供应和服务的规则由希腊版权组织成员委员会的决议制定（经第 3905/2010 号法律第 46 条补充）。

第 70 条　已运作的集体管理协会

（1）在本法颁布之日已运作的集体管理协会应在本法生效后 12 个月内向文化部提交本法第 54 条第（4）款规定的章程声明和文本，通常应采取一切其他必要的行动以遵守本法。

（2）本法颁布之日正在从事第 4301/1929 号法律第 5 条和第 1597/1986 号法律第 43 条所述管理活动的作家协会，可自本法生效之日起 24 个月内继续从事该活动。

第 71 条　欧洲共同体指令的实施

（1）本法第 2 条第（3）款和第 40 条至第 45 条应构成对 1991 年 5 月 14 日关于计算机程序法律保护的理事会第 91/250/EEC 号指令的实施。

（2）本法第 3 条第（1）款（e）项、第 5A 条、第 9 条、第 34 条、第 46 条、第 47 条、第 48 条、第 49 条、第 52 条和第 53 条构成对 2001 年 5 月 22 日欧洲议会和欧洲理事会关于协调信息社会中著作权和邻接权某些方面的第 2006/115 号指令（欧盟）的实施［经第 4996/2022 号法律第 44 条补充；第 2006/115 号指令（欧盟）的实施］。

（3）本法第 35 条第（3）款和第（4）款、第 35 条第（5）款至第（8）款、第 52 条第（1）款（h）项和第 68A 条第（2）款为实施 1993 年 9 月 27 日关于协调适用于卫星广播和有线转播的著作权和邻接权的某些规则的理事会第 93/83/EEC 号指令而补充［经第 4481/2017 号法律第 54 条第（12）款（b）项修订］。

（4）本法第 11 条、第 29 条第（1）款、第 30 条第（1）款、第 31 条、第 51A 条、第 52 条第（1）款（c）项、（d）项、（e）项、（f）项、（g）项和第 68A 条第（1）款实施 1993 年 10 月 29 日协调权利、著作权和邻接权保护期限的理事会第 93/98/EEC 号指令［经第 4481/2017 号法律第 54 条第（12）款（c）项修订］。

（5）本法第 2 条第（2a）款、第 3 条第（3）款、第 45A 条、第 64 条最后一句、第 65 条第（6）款、第 66 条第（9）款和第（10）款、第 72 条第（8）款是为适用 1996 年 3 月 11 日关于数据库法律保护的欧洲议会和理事会第 96/9/EC 号指令而通过的。

（6）本法第 3 条第（1）款、第 28A 条第（12）款、第 28B 条和第 28C 条、第 46 条第（2）款、第 47 条第（1）款和第（2）款、第 48 条第（1）款、第 52 条第（1）款（d）项、第 64A 条、第 66 条第（1）款和第（2）款、第 66A 条和第 66B 条，构成对 2001 年 5 月 22 日关于协调信息社会著作权和邻接权某些方面的欧洲议会和理事会第 2001/29/EC 号指令的实施［经第 4672/2020 号法律第 9 条第（3）款修订；第 2017/1564 号指令（欧盟）第 3 条第（1）款］。

（7）第 5 条构成对 2001 年 9 月 27 日关于原创艺术作品作者受益的转售权的欧洲议会和理事会第 2001/84/EC 号指令的实施。

（8）第 10 条第（3）款、第 63A 条、第 63B 条、第 64 条、第 65 条第（1）款、第 66C 条和第 66D 条构成对 2001 年 9 月 27 日关于实施知识产权的欧洲议会和理事会第 2004/48 号指令的实施。

（9）第 30 条第（2）款、第 52 条第（1）款（c）项最后一句、第 52 条第（1）款（d）项第二句和第三句、第 52 条第（1）款（d）项（aa）至（gg）、第 68A 条第（1）款，实施 2011 年 9 月 27 日欧洲议会和理事会第 2011/77/EU 号指令，以修订关于著作权和某些邻接权保护期限的第 2006/116/EC 号指令［经第 4481/2017 号法律第 54 条第（12）款（c）项修订］。

（10）第 27A 条和第 68A 条第（3）款构成了对 2012 年 10 月 25 日关于孤儿作品某些许可使用的欧洲议会和理事会第 2012/28/EU 号指令的实施（经第 4212/2013 号法律第 9 条补充）。

（11）第 2121/1993 号法律第 28A 条第（1）款至第（11）款、第 42 条第（6）款和第 45A 条第（6）款最后一项构成了对 2017 年 9 月 13 日欧洲议会和理事会第 2017/1564/EU 号指令的实施［经第 4672/2020 号法律第 9 条第（4）款补充；第 2017/1564 号指令（欧盟）第 3 条第（1）款］。

（12）第 35 条第（4）款第二句、第（5）款至第（9）款以及第 3A 条、第 3B 条和第 68A 条第（4）款构成了欧洲议会和欧盟理事会 2019 年 4 月 17 日第 2019/789 号指令（欧盟）的实施，该指令规定了适用于广播组织某些在线传输以及电视和广播节目转播的著作权及邻接权的行使规则，并修订了第 93/83/EEC 号指令（L 130）［经第 4996/2022 号法律第 45 条补充；实施第 2019/789 号指令（欧盟）和第 2019/790/EE 号指令］。

（13）第 3 条第（5）款，第 15A 条，第 15B 条，第 21 条，第 21A 条，第 21B 条，第 22A 条，第 27B 条，第 31A 条，第 32 条第（1）款、第（3）款和第（4）款，第 32A 条，第 34A 条、第 39A 条，第 42 条第（7）款、第（8）款和第（9）款，第 45 条第（3）款，第 45A 条第（6）款最后一句，第 46 条第（5）款最后一句和第（6）款，第 51B 条，第 52 条第（1）款（z）项，第 66A 条第（5）款和第 66F 条，构成了修订第 96/9/EC 号和第 2001/29/EC 号指令的欧洲议会和欧盟理事会 2019 年 4 月 17 日关于数字单一市场中的著作权和邻接权的第 2019/790 号指令（欧盟）的实施［经第 4996/2022 号法律第 45 条补充；实施第 2019/789 号指令（欧盟）和第 2019/790 号指令（EE）］。

注：有关指令经下列规定修订后在希腊著作权、邻接权和文化事务法中实施：

第 2557/1997 号法律（第 8 条），第 93/83/EC 号卫星和有线指令以及第 93/98/EEC 号术语指令，第 2819/2000 号法律（第 7 条）；第 96/9/EC 号数据库指令，第 3057/2002 号法律（第 81 条），第 2001/29/EC 号信息社会指令，第 3524/2007 号法律（第 2001/84/EC 号追续权指令和第 2004/48/EC 号执法指令）。

第 72 条　条文的废除及其他事项的调整

（1）自本法生效之日起，凡与本法相抵触或涉及本法调整事项的规定，均应予废除。具体而言，废除下列法律及法律组成部分：希腊戏剧著作权法/1909 和第 2387/1920 号法令，1926 年 6 月第 12/15 号法令，第 4186/1929 号、第 4301/1929 号和第 4489/1930 号法律，第 619/1941 号法令第 2 条第（1）款，第 2179/1943 号法令，第 763/1943 号、第 1136/1944 号和第 56/1944 号法律，第 3188/1995 号法律第 12 条，第 4264/1962 号法令，第 1064/1980 号法律第 4 条，第 1075/1980 号法律第 5 条和第 10 条至第 22 条，第 1348/1983 号法律第 19 条和 1597/1986 号法律第 3 条、第 40 条、第 43 条和第 46 条。

（2）第 988/1943 号法律继续有效。

（3）根据本法第 54 条至第 58 条设立和运作的集体管理协会，有权组织和参加有关著作权和邻接权的会议。本法第 54 条至第 58 条不应妨碍在其他国家设立的集体管理协会与在希腊设立的集体管理协会签订互惠合同。

（4）在 1994 年 7 月 1 日以前，本法第 49 条第（1）款、第（2）款和第（3）款不适用于在居民人口少于 5000 人的市镇咖啡馆向公众播放的录音制品。

（5）本法第 38 条第（4）款第一句适用于任何照片的出版。

（6）第（6）款已被第 3524/2007 号法律第 4 条第（2）款废除。

（7）希腊作曲家协会（EMSE）可作为集体管理组织继续其管理活动，直至 1999 年 12 月。

（8）关于数据库作者的权利和数据库制作者的特别权的规定，不应损害特别是有关著作权、邻接权或者纳入数据库的数据、作品或其他材料中存在的任何其他权利或义务、专利权、商标、外观设计权、国宝保护、关于限制竞争和不正当竞争的法律、商业秘密、安全、保密性、数据保护和隐私、公共文件的获取及合同法的规定。

（9）根据文化部部长的提议颁布的总统令可允许全面编纂有关著作权、邻接权和集体管理的法律，修改各项条文的顺序和编号，合并类似规定，以及对该等立法的行政编纂进行任何必要的修订［经第 4481/2017 号法律第 54 条第（12）款（b）项修订］。

第 13 章　文化事务和其他安排

第 73 条至第 76 条因与著作权或邻接权无关不列出。

第 14 章　生　　效

第 77 条

除第 69 条外，本法于在官方公报上发布之日起生效。本法第 69 条在官方公报上发布之日起 6 个月后生效。

本法应在官方公报上发布，并作为国家法律予以施行。

技术转移、发明和技术创新法

技术转移、发明和技术创新法[*]

（1987 年 11 月 20 日根据第 1739/1987 号法律修订）

第 1 部分　工业产权组织

第 1 条　设立、宗旨

（1）工业产权组织❶是依据私法设立于雅典的法人，由工业、能源和技术部监督指导。

（2）工业产权组织旨在通过行使下列职权，促进全国技术和产业发展：

（a）授予专利、从属专利和实用新型证书，为本法第 13 条规定的非协议许可证的颁发提供意见；

（b）登记技术转移合同；

（c）与外国类似机构、国际组织、本国的研究和技术中心合作，联络相关机构和数据库；

（d）筹备和监督有关专利和技术转移的国际公约的实施；

（e）视具体情形，经由主管部长决策，在国际组织中代表希腊；

（f）根据本法对保密登记簿、档案和案卷的有关规定，提供涉及新技术和技术诀窍的建议和信息；

（g）监督和跟进发明和技术创新的实施以及希腊国内外的技术转移；

（h）参照国际准则对发明和技术转移合同的使用类别进行分类。

第 2 条　行政委员会：结构、职能、权限

（1）工业产权组织由下列 7 人组成的行政委员会管理：❷

＊　本译文根据世界知识产权组织官网发布的希腊技术转移、发明和技术创新法英语版本翻译，同时参照了希腊工业产权组织（OBI）官网公布的该法英语版本。——译者注

❶　根据 1992 年 7 月 14 日第 232 号总统令，工业产权组织不再属于公共机构。

❷　该条第（1）款经 1997 年第 2516 号法律第 27 条第（1）予以修订。

（a）2 名来自发展部的代表。

（b）1 名专司工业产权事务的法律工作者、1 名研究中心或高等院校拥有工业产权相关知识和经验的研究人员以及 1 名产业界拥有工业产权相关知识和经验的管理人员。上述人员由发展部部长选定。

（c）1 名拥有工业产权领域相关知识和经验的技术专家，由希腊技术委员会（TEE）推荐。

（d）1 名从工业产权组织全体职员中推选的代表。该代表无法选出时，行政委员会也可在其缺席的情况下合法召开会议。

（2）已废除。❶

（3）工业产权组织行政委员会成员和总干事根据工业、能源和技术部部长的决定任命，任期 4 年。行政委员会主席和副主席也根据该决定任命。行政委员会主席可代行工业产权组织总干事的职权。工业产权组织行政委员会成员和总干事可以连任。❷

（4）行政委员会秘书的职责由工业产权组织的雇员履行。该秘书及其助理由行政委员会主席的决定委任。

（5）工业产权组织行政委员会主席、总干事以及行政委员会副主席、成员和秘书每次参加会议的补贴由工业、能源和技术部部长及财政部部长共同确定。每个月召开会议的总数不得超过 4 次。

（6）行政委员会会议由主席召集，通常每月 2 次；但应行政委员会主席或多数成员的要求，可召开特别会议。召开特别会议的，主席应当在收到多数委员请求的书面通知之日起 5 日内召集会议。通知书也应说明会议议题。

（7）行政委员会有至少 4 名成员出席会议的，即为达到会议法定人数。行政委员会决议依参会者的绝对多数作出。若双方票数相当，则主席的表决占优。

（8）报告人的职责应由工业产权组织总干事或副总干事履行。行政委员会主席代行总干事职权时，总干事和副总干事以及行政委员会成员均可偶尔被赋予特别任务。❸

（9）行政委员会会议记录应由主席、成员和秘书签名。

（10）行政委员会决定与工业产权组织履职、管理和职员相关的各项事

---

❶ 该条第（2）款经 1997 年第 2516 号法律第 27 条第（2）款予以废除。
❷ 该条第（3）款经 1987 年第 1739 号法律第 18 条（a）项予以修订。
❸ 该条第（8）款经 1987 年第 1739 号法律第 18 条（a）项予以修订。

务，具体如下：

（a）制定工业产权组织机构规章、职员权责规章、财政安排方案和行政委员会议事规则，并提交工业、能源和技术部部长批准；

（b）确定实现其目标的方案，制订长期和短期行动计划，并提交工业、能源和技术部部长批准；

（c）确定年度预算及其必要修订，并提交工业、能源和技术部部长批准；

（d）决定职员的招聘、薪酬、补偿和总干事的薪酬以及关涉其职业身份的各项事务；

（e）设立区域服务机构和国内外分支机构；

（f）适用有限责任公司的相关规定，编制工业产权组织的年终决算表和年度财务报告；

（g）确定工业产权组织因提供服务而应得的规费和收入；

（h）委托团体和其他自然人或法人从事研究、调查和与工业产权组织实现目标相关的工作，并确定应支付的报酬。

（11）行政委员会可通过决议指定其部分职能由工业产权组织总干事、副总干事或其他高级职员行使。

（12）行政委员会主席确定本法第2条第（6）款所称议程中涉及的事项，召集会议，并监督行政委员会决议的实施。主席缺席或不能参加会议时，由副主席主持行政委员会会议。

（13）工业产权组织总干事行使下列职权：❶

（a）负责执行行政委员会决议；

（b）领导工业产权组织各单位，保障其正常和高效运行；

（c）就诉讼和非诉讼案件代表工业产权组织；有权根据案情和案件类别，依法委托副总干事或行政委员会成员、工业产权组织的律师代理，或在特殊情况下委托工业产权组织的职员代理；

（d）通过其行为，依法授予专利、从属专利和实用新型证书；为本法第13条规定的非协议许可证的颁发出具意见；提供其他证书、确认书或记载本法规定信息的文书。

---

❶ 该条第（13）款经1987年第1739号法律第18条（b）项予以修订。

第 3 条 资金来源、管理、监督

（1）工业产权组织拥有下列一般和特别资金来源：

（a）提供服务所得的规费和收入；

（b）从公众投资项目预算中获取的特别资金；

（c）从补贴、捐赠、继承、遗赠以及法人和自然人的各种出资中获取的特别资金。

（2）经国民经济部部长以及工业、能源和技术部部长批准，工业产权组织可与希腊境内外的银行和信贷机构联系贷款事项。

希腊可为上述贷款提供国家担保。

（3）工业产权组织的管理和年终决算表应由注册会计师进行审计。

（4）为了对工业产权组织的运行进行监督，行政委员会应向工业、能源和技术部部长提交关于其各项事务的年度报告、收支报告以及预算和决算表。

第 4 条 规章、案卷、登记簿、档案

（1）依照经工业、能源和技术部部长批准的工业产权组织行政委员会决议，制定下列规章：

（a）工业产权组织的组织机构规章调整各服务部门的架构、权限和职能。

工业产权组织的组织机构规章，可规定设立一个由工业产权组织专家组成的委员会，旨在必要时利用专门科技知识审查专利申请；

（b）工业产权组织职员身份的规章确定法律规定的岗位及其职员的招聘条件；规定包括其职级和薪酬的职员晋升事项以及退休待遇；总体规定职员履职状态的各项事务以及纪律约束和惩戒措施；

（c）财务规章，涉及管理事务、预算、决算表和年度报告的编制和发布，规费、收入或税收的收支程序以及工业产权组织的物资供应；

（d）有关工业产权组织行政委员会职能的规章，无须提交部长批准。

（2）工业产权组织应保存下列登记簿、档案和案卷：

A. 登记簿：

（a）本法第 21 条规定的保密技术转移登记簿；

（b）专利普通登记簿；

（c）专利保密登记簿；

（d）实用新型证书登记簿。

B．档案：

（a）本法第 21 条规定的技术转移保密档案；

（b）专利普通档案；

（c）专利保密档案；

（d）实用新型证书档案。

C．案卷：

（a）报告普通案卷；

（b）报告保密案卷。

（3）工业产权组织应发行工业产权公报和出版物，总结和传播有关专利、创新和技术转移的信息。

（4）应纳入前述登记簿、档案和案卷的资料及其编制和呈现方式，应由工业产权组织行政委员会提出建议，经工业、能源和技术部部长通过决定予以确定。工业产权公报的保存和发布方式以及纳入其中的资料亦应通过相同决定予以确定。

（5）根据 1963 年第 4325 号国家国防相关发明法存在的登记簿、档案和案卷称为保密登记簿、档案和案卷。工业产权组织职员在任职期间及离职后 10 年内若披露前述资料，则应当根据 1963 年第 4325 号国家国防相关发明法第 8 条的规定予以刑罚惩处。

第 2 部分 专　　利

第 1 章　通则、受益者

第 5 条　含　　义

（1）专利权应授予任何具备新颖性、创造性并适于工业应用的发明。发明可涉及产品、方法或工业应用。

（2）下列各项，不视为本条第（1）款所称发明：

（a）发现、科学理论和数学方法；

（b）美学创造；

（c）智力活动、游戏或经商的方案、规则和方法及计算机程序；

（d）信息的呈现。

（3）一项不属于现有技术的发明，应视为具有新颖性。现有技术是指专利申请日或优先权日之前通过书面、口头或其他任何方式在国内外为公众所知的技术。

（4）与现有技术相比，一项发明如对本领域技术人员而言并非显而易见，则其被视为具有创造性。

（5）发明的客体在各种工业活动中可以生产或使用的，视为该发明适于工业应用。

（6）下列各项不应被视为本条第（5）款所称适于工业应用的发明：

（a）人体和动物的外科手术或治疗方法；

（b）人体和动物的诊断方法。

（7）本条第（6）款的例外不适用于产品特别是用于上述任何方法的物质或组分。

（8）对下列各项不应授予专利权：

（a）其公布和利用会违反公共秩序或社会公德的发明；

（b）植物或动物品种，或者生产植物或动物品种的生物学方法，本规定不适用于微生物学方法或其产品。

（9）在专利申请日前6个月内披露的发明，有下列情形之一的，也应授予专利权：

（a）对专利申请人或其合法前任权利的明显滥用；

（b）在官方承认的符合《国际展览公约》[1928年11月22日在巴黎签署，经1932年希腊第5562号法律批准（第221号官方公报）]规定条件的国际展览会上展出。遇此情形，申请人应在申请时声明该事实，并提交相应证明材料。

（10）本条第（9）款所列披露，不影响本条第（3）款规定的发明的新颖性。

第6条　专利权、雇员发明、权利请求

（1）根据本条第（4）款、第（5）款和第（6）款的规定，发明人或其受益人及其普通或特别权利继承人享有专利权。提出专利申请的人，应被视为发明人。

（2）2人或多人合作完成的发明，除另行约定外，专利权由其共同享有。

各共同受益人可自行让与其份额，并维持共有专利。

（3）2 人或多人分别独立完成的发明，专利权应授予最先提出申请的人或根据本法第 9 条享有优先权的人。

（4）雇员作出的发明（自由发明）应归其所有，但该发明是职务发明（完全属于雇主）或从属发明（雇主拥有 40% 所有权，雇员拥有 60% 所有权）的除外。

（5）雇员和雇主之间因履行发明创造合同而产生的智力成果是职务发明。完成职务发明后，该发明对雇主具有重大经济利益的，雇员有权请求获得额外合理补偿。

（6）雇员利用受雇企业的原材料、设备或信息完成的发明为从属发明。雇主按照该发明的经济价值和产生效益的比例向发明人作出补偿后，有权优先实施该发明。该从属发明的发明人应及时书面告知雇主其完成发明的事实，并提供共同专利申请所必需的资料。雇主在收到上述通知后 4 个月内，未书面答复雇员其愿意共同提出专利申请的，雇员有权单独提交专利申请，并完全拥有该发明。

（7）任何限制雇员上述权利的协议均应视为无效。

（8）在任何情况下，专利中应提及发明人的姓名。发明人有权要求申请人或专利权人承认其发明人身份。

（9）如果第三方未经该发明的受益人同意而就其发明或必要组分擅自提交专利申请，则该受益人可提起诉讼，要求第三方承认其基于专利申请或专利权所享有的权利。

（10）上述法律诉讼应在工业产权公报发布该专利摘要之日起 2 年内向法院提起。如果专利权人在专利授权或专利转让之日即明知请求人的权利，则不适用前述期限。

（11）受理上述诉讼的不可撤销的决定的摘要，应记录在专利登记簿中。

自前述记录之日起，基于该专利权而授予的许可证和所有其他权利应被视为无效。败诉方和第三方基于善意而实施该发明，或已经为实施该发明做好必要准备的，可在向被认可的受益人赔偿后，请求获得合理期限内的非排他许可证。当事人之间发生争议的，应由申请人居住地的一审法院的独任法官根据民法典第 741 条至第 781 条的规定予以审理。

第2章 授予专利权的程序

第7条 提交申请、受理、公告

（1）向工业产权组织提交的专利申请中应包含下列内容：

（a）申请人姓名或法人名称、国籍、住所或所在地和地址；

（b）发明的说明书以及对一项或多项权利要求的确定，工业产权组织可要求申请人按照本法规定完善或改写说明书或权利要求书，依本法提交的权利要求书应当表明请求专利保护的范围和内容；

（c）授予专利的请求书。

（2）申请应随附权利要求书或说明书中提及的附图、发明的摘要、关于正确理解说明书的解释以及授权申请人代表法人或自然人（如其不是发明人）行事的文件。申请还应随附证明缴纳申请费和首次年费的收据。

（3）发明的权利要求书应当以说明书为依据。

（4）发明的说明书的编制应足以使熟悉该领域技术的第三人实施。

（5）发明的摘要仅用于提供技术信息。

（6）申请可以包含一项发明或属于一个总的发明构思的多项发明。申请中涉及多项发明（组合申请）的，申请人在专利授权日之前可将该申请拆分为若干分案申请，将最初的申请日保留为各分案申请的申请日。

（7）申请人可在提交专利申请时声明，如果该申请被驳回，则希望工业产权组织根据本法第19条的规定考虑授予其实用新型证书。

（8）申请满足本条第（1）款规定的条件且随附缴纳申请费和首次年费的收据的，应予以受理。在此情况下，申请应被视为适式提交但未完结。

（9）自提交前述申请之日起4个月内，申请人应按照本条第（2）款、第（3）款、第（4）款和第（5）款的规定，提交任何缺失的附图或其他支撑文件，完善相关资料，更正申请文件和其他辅助文档草案中的错误。此时，视为完成专利申请。

（10）本条第（8）款所称适式提交申请日视为专利申请日。

（11）专利申请和随附文件以及与专利授权程序相关的任何其他详细资料的制作和提交方式，应由工业、能源和技术部部长根据工业产权组织行政委员会的提议决定。

（12）本条第（1）款所列专利申请文件和本条第（2）款所列随附资料，

应于申请日或优先权日起满 18 个月公布，专利权已被授予并已于授权日公开了的除外。

（13）自申请公布之日起，任何第三方均可请求查询和复制申请文件、说明书、附图及任何其他相关资料。

（14）申请文件的摘录应公布在工业产权公报中。

第 8 条　授予专利权：程序

（1）本法第 7 条第（9）款规定的期间届满后，工业产权组织发现专利申请适式提交但未完结的，应视为未提交。

（2）申请适式提交且已完结的，工业产权组织应当对下列事项进行审查：

（a）该申请所涉对象是否明显属于本法第 5 条第（6）款和第（8）款所列不具备可专利性的情形；

（b）申请所涉对象是否明显属于本法第 5 条第（2）款所列不视为发明的情形。

如果属于上述任一情形，工业产权组织应全部或部分驳回专利申请。

（3）根据前款规定，申请不属于未提交，或该申请未被驳回的，工业产权组织应基于发明说明书、权利要求书和附图制作一份检索报告，记载现有技术的所有必要资料，以评估发明（检索报告）的新颖性和创造性。该检索报告可随附工业产权组织出具的涉及本法第 5 条第（1）款所列发明特性的评论或简要注解。

（4）申请人自申请日起 4 个月内缴纳检索费的，方可制作检索报告。未按时缴费的，专利申请自动转换为授予实用新型证书的申请。

（5）工业产权组织应当将检索报告连同随附文件送达申请人，申请人有权在收到通知之日起 3 个月内提出意见。

（6）工业产权组织应当基于申请人的意见制作一份最终检索报告，包含根据本法授予专利权时以评估发明可专利性的有关现有技术的全部资料。

（7）检索报告应与专利申请共同向公众公开。报告未制作完成的，在其向申请人通知后公开。

（8）检索报告或最终检索报告具有信息性。

（9）在制作检索报告时，工业产权组织可请求欧洲专利局或任何其他国际和国家机构提供信息和意见以便自行评估。此外，工业产权组织可要求申请人提交附加信息、说明或意见。

（10）与检索报告或最终检索报告的制作程序有关的所有其他事项，由工业、能源和技术部部长的决定规制。

（11）工业产权组织在完成上述条款规定的程序后授予专利权。专利权证实专利申请已完成且适式提交。专利文件表明专利的类别和保护期限，但需随附下列资料：

（a）发明说明书的原件及权利要求书、摘要和附图（如有）；

（b）检索报告或最终检索报告。

（12）专利文件应包含优先权声明，指明在国外提交优先权申请的国家、日期和编号。

（13）专利应记载于专利登记簿中，其概要应发布在工业产权公报中。

（14）应向申请人提供专利文件副本及其随附文档。

（15）第三方有权请求查询和复制专利文件、说明书、附图及任何相关资料。

第9条 国际优先权

（1）在国外已妥适提交专利申请或实用新型证书申请的，申请人或其受益人有权主张优先权，但应自申请日起 12 个月内就相同发明在希腊提交申请，且适用互惠条件。在该新申请中，申请人必须声明其首次申请的日期和国家。优先权追溯至在外国首次提交申请的日期。

（2）根据申请提交国法律，已视为妥适提交且提交日期依提交内容而确定的专利申请，视为妥适的国外申请，并不受该申请后果的影响。

（3）自国外首次妥适提交申请之日起 16 个月内，申请人应向工业产权组织提交下列资料：

（a）首次提交申请的国家主管机构的受理证明书，表明申请编号和日期，并附经该外国机构认证的说明书、权利要求书和任何附图；以及

（b）律师或有认证资质的机构认可的上述证明书、说明书、权利要求书和附图的希腊语译本。

（4）主张多项优先权的，该申请的优先权期间从最早的优先权日起算。

第3章 由专利衍生的权利及其有效期

第10条 权利内容

（1）专利权赋予其所有者（自然人或法人）在本法第 11 条规定的范围和

期限内以生产为目的实施该发明的专有权，特别是：

（a）基于上述目的制造、许诺销售、销售、使用和支配受专利保护的产品；

（b）使用、许诺公开或在市场上公开受专利保护的方法；

（c）基于上述目的制造、许诺销售、销售、使用和支配依照该专利方法直接获得的受专利保护的产品；

（d）禁止任何第三方依照前述条款以生产为目的实施该发明或未经专利权人事先同意而进口受专利保护的产品。

（2）专利权人不得禁止前款含义中的下列活动：

（a）非商业性或基于研究目的的使用该发明；

（b）临时进入希腊领土的汽车、火车、船舶或飞机，使用装配在自身之上的发明；

（c）依据本法第25条第（3）款规定，药店按照医疗处方为特定个体制备药品或分发、使用该药品。

（3）截至第三方提交专利申请之时或者优先权日，已经实施相同的发明或者已经做好实施的必要准备的任何人，有权为其企业或出于企业需要而继续利用该发明。该权利仅可随企业一并转让。

第11条　专利权的有效期

（1）专利权的有效期为20年，自专利申请日的次日起计算。

（2）根据外国申请主张优先权的，专利权的有效期自希腊境内之申请的次日起计算。

第4章　继受和许可

第12条　转让、继承、协议许可证

（1）专利申请权和专利权可根据书面协议转让，也可继承。转让自该协议登记之日起完成，继承自专利登记簿中的继承证明在工业产权公报上公告之日起完成。

（2）专利权共有人可通过书面协议分别转让各自拥有的份额。该规定同样适用于共有申请权的转让。

（3）专利权人可通过书面协议许可第三方实施其专利。若系共有专利权

的许可，则须获得全体专利权人的同意。

（4）若无相反约定，则该许可证不得独占，不得转让，也不得继承。

（5）专利权人可随时向工业产权组织声明其愿意颁发排他或非排他许可证书，以期获得补偿。

该声明的有效期为2年，应记录在专利登记簿中，并发布于工业产权公报上。专利文件中应有相应注释。

（6）在本条第（5）款规定的声明有效期内，专利权人有权获得专利年费的扣减。工业产权组织行政委员会应根据通例或个案确定年费的扣减事项。

第13条　非协议许可证

（1）若完全满足下列所有前提条件，则本条第（10）款所称管辖法院可不经专利权人事先同意即向第三方颁发实施其专利的许可证：

（a）自专利权被授予之日起满3年，或者自提交专利申请之日起满4年；

（b）有关发明未在希腊国内实施，或者虽已实施但其生产的产品未能充分满足国内需求；

（c）第三方生产性实施该专利发明；

（d）第三方在启动司法程序前1个月，已告知专利权人其请求非协议许可证的意图。

（2）专利权人能够证明其未在国内实施或未充分实施其专利具有正当性的，不得授予非协议许可证。产品进口不构成援引和适用本款的理由。上述第（1）款规定不适用于从欧洲联盟和世界贸易组织成员进口的产品。❶

（3）非协议许可证的颁发，可不排斥其他协议或非协议许可证。该非协议许可证仅随实施该发明的企业的一部分一并转让。

（4）专利权人可请求本条第（10）款提及的管辖法院针对一项在先专利授予非协议许可证，前提是其发明涉及在先专利发明，而该发明的生产性实施会不可避免地侵犯在先专利权人的权利，且其发明与在先专利发明相比具有重大进步。在授予前述非协议许可证时，在先专利权人也可请求就在后发明授予非协议许可证。

---

❶　该条第（2）款（3）项经第54/1992号总统令第2条和第2359/1995号法律第9条第（4）款予以修订。

（5）经利害关系人请求，本条第（10）款所称管辖法院应授予非协议许可证。

请求书应随附工业产权组织关于具备前款规定颁发非协议许可证的条件、给予专利权人补偿的金额、条件以及实施该发明的排他或非排他属性的意见书。工业产权组织应在受理意欲利用该发明的利害关系人的请求后1个月内出具意见书，该意见书对管辖法院不具约束力。颁发非协议许可证的请求书副本以及工业产权组织的相关意见书和确定审理日期的通知书，应送达专利权人和其他协议或非协议许可证的受益人。

（6）若管辖法院批准该请求，则颁发非协议许可证。许可证中包括该发明实施权的范围、有效期、在希腊生产性实施该发明的起始日以及许可证受益人给予专利权人的补偿金额和条件。

补偿金额和条件，应根据产业性实施受保护发明的范围确定。

（7）法院根据本条第（6）款所作裁决，应记录在工业产权组织的专利登记簿中，发布于工业产权公报上，并通知本条第（5）款所涉人员。

（8）若有新的资料证实修改的正当性，则本条第（10）款所称管辖法院可根据专利权人或非协议许可证受益人的请求修改颁发该许可证的条件；受益人不遵守许可证的条款，或者颁发许可证的条件不复存在的，法庭可撤销非协议许可证。如果立即撤销可能对非协议许可证受益人造成重大损害，则法庭可允许其在合理期限内继续实施。

（9）非协议许可证不得授予进口发明所涉产品的权利。

（10）负责非协议许可证的颁发、转让、修订和撤销事项的管辖法院是设立于申请人居住地的一审法院，由3名法官进行审理，法官依照民法典第741条至第781条规定的程序进行裁决。

第14条　对公共机构的许可

（1）如果有关发明尚未在希腊生产性实施，或者生产的产品无法满足本地的需求，则基于公共健康和国防的紧迫事由，可根据工业、能源和技术部部长以及必要时任何主管部长的正当决定，许可公共机构在希腊实施专利发明。

（2）在有关决定发布之前，专利权人和任何能够提供有益建议的人，均可表达其意见。

（3）同一决定中还应参照工业产权组织的建议，确定给予专利权人补偿

的金额和条件。补偿的金额，应根据产业性实施该发明的范围确定。如果专利权人对补偿金额提出异议，则由有管辖权的一审法院的独任法官依强制令程序裁决。

第5章 无效、失权和保护

第15条 无　　效

（1）有下列情形之一的，法院可以宣告专利权无效：

（a）专利权人并非本法第6条第（4）款、第（5）款和第（6）款所称发明人或者其受让人或受益人；

（b）属于本法第5条所列不具备可专利性的发明；

（c）专利随附说明书不足以使本领域技术人员实施该发明；

（d）专利权的主题超出专利申请文件中请求保护的范围。

（2）本条第（1）款（a）项所列人员有权依据该项规定起诉专利权人。其余情形中，任何享有法定权益的人均可向法院起诉。无效宣告诉讼应向有管辖权的民事法庭提起。专利权人若非希腊居民，则在首都的法院起诉或应诉。

（3）仅向法院请求宣告发明部分无效的，该专利权受到相应限制。

第16条 失　　权

（1）相关权利人向工业产权组织提交书面弃权声明，或未按期缴纳保护费的，不再享有源自专利的权利。

（2）工业产权组织签发权利丧失文件，并在工业产权公报中公告。该权利自公告之日起丧失。

（3）如果颁发了非协议许可证，或者对发明授予了权利，则在弃权声明登记时必须提交该许可证或权利受益人的同意书。

第17条 专利权人向法院起诉、欺诈

（1）针对侵犯专利权或即发侵权的情形，专利权人有权要求停止侵害或将来不得实施侵害。

（2）针对国际性侵犯专利权的情形，遭受损害的专利权人有权要求赔偿损失，或者要求归还因不正当实施其专利发明所获收益，或者要求支付与许

可使用费等值的补偿。

（3）上述权利可赋予排他许可证的受益人、对发明享有权利的人和专利申请人。若系后者，法院可在该申请获得专利权之前中止案件审理程序。

（4）上述权利应自专利权人得知侵权行为或损害发生以及承担赔偿责任的行为人之日起 5 年内行使，但最长不得超过自侵权行为发生之日起 20 年。

（5）一旦认定被告侵权行为成立，法院可责令销毁违反本法规定制造的产品。作为销毁产品的替代，法院也可应原告请求，判令被告将其全部或部分产品交予原告，用于全部或部分赔偿。

（6）发明涉及产品制造方法的，可以推定每件同类产品均系采用受保护的方法制造。

（7）任何人在产品或其包装上或者用于公众的任何种类的商业文件或宣传广告中，虚假陈述其问题产品受专利保护的，判处 1 年以下监禁或 5 万德拉克马以上罚金，或二者并处。

第6章　从属专利

第18条　含义、授权程序

（1）一项发明构成了对已获专利授权的另一发明（主专利）的改动，如果后一发明的对象涉及主专利中至少一项权利要求，则后一发明人可请求授予其新的专利（从属专利）。

（2）从属专利的保护期限应与主专利一致。若许可证中未另行说明，则主专利许可证的所有受益人均可使用从属专利以实施主专利。

（3）从属专利无须缴纳专利年费。

（4）应其权利人请求，从属专利可转换为主专利。转换后的专利权的有效期由本法第 11 条规制。原申请日被视为从属专利的申请日。

（5）主专利被宣告无效的，并不导致从属专利无效。如果主专利被宣告无效，则其原应缴纳的专利年费应由从属专利缴纳。

（6）本条未尽事项，分别由本法关于专利权的各项相关规定调整。

第 3 部分　技术创新

第 1 章　实用新型证书

第 19 条　含义、授权程序

（1）一件具有确定形状和构造的三维物品，如工具、仪器、装置和设备或其部件，若具备新颖性并适于工业应用且能够针对技术问题提出解决方案，应授予实用新型证书。

（2）专利申请人在专利授权日之前，可请求将其专利申请转换为实用新型证书申请。

（3）实用新型证书的有效期为 7 年，自其申请日的次日起计算；若有本条第（2）款所称转换情形，则自专利申请日的次日起计算。

（4）授予实用新型证书的申请应向工业产权组织提交。申请文件、支撑材料及其他相关详细资料的提交要求，由工业、能源和技术部部长通过决定予以确定。

（5）实用新型证书的申请文件符合本条第（4）款要求的，工业产权组织无须预先审查其新颖性和工业实用性，即可授予实用新型证书；由申请人承担相关义务。

（6）本条未尽事项，分别由本法关于专利权的各项相关规定调整。

第 2 章　技术创新和奖励

第 20 条　技术创新、资助、奖励

（1）经企事业单位 1 名或多名从事相关活动的工作人员提议，可为解决特定技术问题的新方案（技术创新）颁发技术创新证书。该技术创新证书构成对作出创造性贡献的企事业工作人员的奖励。

（2）授予技术创新证书的具体程序，由劳工部部长以及工业、能源和技术部部长共同确定，并公布在政府官方公报上。

（3）对旨在研究开发技术设备和模型、共同利用研究成果以及在展览和大会上展示发明或新产品和新方法的发明家或科学家联合会和协会以及生产单位合作社和联合会的资助条件，由财政部部长以及工业、能源和技术部部

长共同确定。

（4）向为技术开发、普及和传播科技知识以及创建技术展示场所和博物馆作出贡献的发明人和企事业员工提供国家奖励和/或财政支持的程序，由国民经济部部长、财政部部长以及工业、能源和技术部部长共同确定。

（5）经有关当事人请求，本国研究中心或机构可准许欲对其符合所在机构要求的技术装置和发明进行工业和商业性利用的各类研究人员享受不超过2年的带薪（不超过薪金的50%）休假。应当事人请求，研究机构也可同意将前述假期再延长3年，但带薪不得超过常规薪金的25%。5年期限届满，研究人员应选择辞职或返回原单位从事全职工作。研究机构的行政委员会对请假或续假申请进行评估，并报经工业、能源和技术部部长核准。

第4部分　技术转移

第21条　含义、合同条款的无效

（1）根据技术转移合同，供方应向受方提供技术；受方应依照约定向供方支付价金。具体而言，下列情形属于本条所称提供技术：

（a）许可实施专利权和实用新型证书；

（b）转让专利权和实用新型证书；

（c）提供技术施工指示、图纸或服务；

（d）提供组织和管理服务以及专门咨询服务或后续和控制服务；

（e）披露商业秘密，包括关涉生产性实施的图纸、图表、样本、模型、指令、比例、条件、工艺、配方和生产方法；该商业秘密主要为技术信息、数据或知识，涉及制造产品和提供服务所需的具有实用性、不为公众普遍知悉的方法、专门知识或技能；

（f）共同研究或开发新技术、示范或实验项目或工程；

（g）以简报、指导和组建团队的形式提供技术援助。

（2）下列条款无效：

（a）专利许可证条款违反欧洲共同体委员会第2349/1984号条例（欧盟官方公报L 219/15）第3条，该条涉及《欧洲经济共同体公约》第85条第（3）款关于专利实施许可合同种类的规定。

（b）技术转移合同条款包含禁止出口的规定。基于经济发展和公共利益

的重大事由，且不违反本国应承担的国际义务的，工业、能源和技术部部长可允许订立包含禁止出口条款的合同。

第22条　技术转移合同的登记

（1）在希腊有住所或办公场所的当事人应于订立合同之日起1个月内将技术转移合同提交工业产权组织登记。第1306/83号法律（第65号官方公报）应同时适用。

（2）上述合同应记载于技术转移合同登记簿中。对于已登记的技术转移合同或以本条第（5）款规定形式纳入的信息，应予保密。违反前述规定的，应依据1914年第146号法律第17条关于反不正当竞争的规定予以处罚。

（3）包含下列主题的合同可不予登记：

（a）外国工程师和技师为工厂或机器的安装和维修而封闭性使用的；

（b）通常伴随机器或设备且不给受方产生任何额外费用的建议、图纸或类似资料；

（c）基于之前已登记合同而实施紧急技术援助或维修的；

（d）教育机构或企业对其员工进行技术培训的；

（e）有关防卫系统的。

（4）负责技术转移合同登记的一方，可提交一份合同文本或根据本条第（5）款规定完成特殊表格。未经工业产权组织书面确认，表明当事人已满足本款要求的，涉及合同当事人之间任何争议以及技术转移合同的诉求或请求，均不得在法庭上辩论。

（5）编辑图纸和制作关于技术转移合同特殊表格的程序以及完成统计应用的相关前提条件，由工业、能源和技术部部长确定。

（6）合同当事人可因登记技术转移合同而折抵应向工业产权组织缴纳的费用。折抵的比例应由工业产权组织行政委员会确定。

第5部分　《欧洲专利公约》的实施

第23条　欧洲申请、欧洲专利和无效事由

（1）如果不以之前向希腊提交的申请为基础主张优先权，则作为希腊公民的申请人必须向工业产权组织提交授予欧洲专利的申请。

（2）根据第 1607/1986 号法律（第 85 号官方公报）关于《欧洲专利公约》第 93 条涉及欧洲专利的规定，自其公告之日起，在希腊提交的欧洲专利申请与希腊专利申请具有同等效力。

（3）欧洲专利申请的申请人向工业产权组织提交了经过相关认证的希腊语译本的权利要求书之后，方可获得本条第（2）款规定的临时保护。

（4）欧洲专利与工业产权组织授予的希腊专利在希腊具有同等效力。

（5）欧洲专利的权利人应向工业产权组织提交欧洲专利局据以授权或确权的申请文件的经相关认证的希腊语译本。

（6）欧洲专利不符合本条第（5）款规定的，在希腊不产生效力。

（7）只要希腊根据《欧洲专利公约》第 167 条第（2）款（a）项针对欧洲专利所作保留继续有效，则对药品授予保护的欧洲专利在希腊无效。

（8）仅可依据第 1607/1986 号法律关于《欧洲专利公约》第 138 条第（1）款规定的理由宣告欧洲专利在希腊无效。

（9）无效理由仅涉及部分欧洲专利的，应对专利权利要求书、说明书和附图进行相应限定。

（10）下列事项应由基于工业、能源和技术部部长建议发布的总统令确定：

（a）提交欧洲专利申请文件翻译文本的最后期限和前提条件；

（b）提交欧洲专利文件翻译文本的最后期限和前提条件；

（c）确认翻译文本真实性及其适度修订和已实施该专利的善意第三人权利的条件；

（d）向工业产权组织提交欧洲专利申请的方式和前提条件；

（e）对欧洲专利登记簿的保存；

（f）将欧洲专利申请转为希腊专利申请的前提条件；

（g）向工业产权组织陈述欧洲专利有关事项的前提条件；

（h）希腊专利和欧洲专利重叠保护的规则。

第 6 部分　最终和过渡条款

第 24 条　规　费

（1）技术转移合同登记，为技术转移提供咨询和信息，专利和实用新型

证书权利的授予、转让或变更，均应收取相应规费。

（2）每一件专利的申请费、保护年费、检索报告费以及变更登记费，应预先向工业产权组织缴纳。申请费和第一年的保护费收据应与专利申请文件一并交存。应提前缴纳下一年度的保护年费，并于每年与专利申请日对应月份的最后一日之前向工业产权组织交存相关收据。前述期限届满后，专利权人应在 6 个月内如数缴费，并额外支付应缴费用的 50%。

（3）任何专利申请应每年预缴保护年费，视同专利权已被授予。专利申请人未在本条第（2）款规定的期间内缴纳上述费用的，应适用本法第 16 条规定。

（4）付费日应被视为随附相关收据的申请提交日。

（5）上述规定分别适用于实用新型和本法要求缴纳费用的其他所有情形。

（6）收费金额由工业产权组织行政委员会确定。

（7）为下一期间预缴的保护费，应免予所有随后再度调整。

（8）申请被不可更改地驳回的，应返还预缴保护年费中未实施部分相应的比例。

第 25 条　废除、过渡安排和授权

（1）本法生效前受理的专利申请，适用提交申请之日有效的关于授权程序先决条件的规定。专利权应由工业产权组织授予。基于前述申请授予的专利权以及本法生效前已经授予的专利权，应由本法规制；任何适当的既得权利均应保留。❶

（2）自本法生效之日起，下列各项应予废除：1920 年"关于专利权"的第 2527 号法律，民法典第 668 条，1920 年 11 月 22 日关于实施涉及专利权的第 2527 号法律的皇室敕令，1980 年"关于修订和完善 1920 年第 2527 号法律"的第 1023 号法律第 1 条至第 12 条，1982 年"关于各部职能再分配"的第 574 号总统令第 7 条所列情形，以及与本法相抵触或涉及本法调整事项的其他规定。1963 年"关于本国国防的发明"的第 4325 号法律继续有效；但该法律所涉商务部应理解为工业产权组织，所涉 1920 年第 2527 号法律应由本

---

❶　第 25 条第（1）款（3）项被第 2359/1995 号法律第 9 条第（2）款替换。第 2359/1995 号法律第 9 条第（3）款废除了第 25 条第（1）款（4）项。根据第 2527/1920 号专利法授予的专利的有效期自 1969 年 1 月 1 日起延长，自正常提交专利授权申请之日起满 20 年截止。关于规费的规定也适用于上述专利。

法的相应规定取代。

（3）只要希腊根据《欧洲专利公约》第 167 条第（2）款（a）项所作保留继续有效，则工业产权组织不得授予 1983 年第 1316 号法律第 2 条意义上的任何药品专利。

（4）自本法公布之日起，经工业、能源和技术部部长决定，有别于其他相关安置，工业产权组织可自行调配该部专利局的各类职员，以满足其职能需求。上述职员在工业产权组织中的服务期间根据不同情况应被视为在工业、能源和技术部中的实际服务期间。根据该决定，前述专利局的各种设备可转与工业产权组织。

（5）根据商务部部长以及工业、能源和技术部部长建议签发总统令后，商务部商业和工业产权理事会关于商标注册和授权的职能可转由工业产权组织行使。

第 26 条

（1）（a）经政府事务部部长、国民经济部部长以及工业、能源和技术部部长建议签发总统令的，工业产权组织的法律地位可转为公共法人，废除涉及公共财政、转变后法人的财产处置以及任何其他相关事项的一般和特别规定后，其人事职能、组织、运行、资源和财务管理将作相应调整；

（b）根据类似总统令，有关工业产权组织职员服务身份的事项，包括人员的配置、职能的转变以及社会保障，在转换期间应予调整。

（2）关于本条第（1）款（b）项规定的总统令的申请程序，应由工业、能源和技术部部长的决定规制。

第 29 条 生 效

本法于政府官方公报发布之日起生效；但第 2 部分、第 3 部分、第 4 部分以及第 25 条第（1）款和第（2）款的规定于 1988 年 1 月 1 日起生效。本法一经生效，工业、能源和技术部专利局的职能应划归工业产权组织。

注：本法第 25 条第（6）款和第（7）款以及第 27 条和第 28 条与工业产权组织的职权范围无关，故予以省略。

商标法

商标法*

[第4072/2012号法律（2012年4月11日公布），
经第4155/2013号法律予以修订（2013年5月29日公布）]

第3部分　商　　标

第1章　概念和保护条件

第121条　可构成商标的标志

商标可以是以图形方式表示的、能够区分某个企业的商品或服务与其他企业的商品或服务的任何标志。

商标尤其可以是文字、姓名、公司名称、别名、插图、设计、字母、数字、颜色、声音（包括乐句）、商品或其包装的形状以及标语。

第122条　权利的获得

商标的专有使用权通过注册获得。

第123条　驳回的绝对事由

（1）下列标志不得作为商标注册：

（a）不符合第121条要求的标志；

（b）没有任何显著特征的商标；

（c）仅由在贸易中可用于表明种类、品质、属性、数量、目的地、价值、原产地、生产货物或提供服务的时间或者商品或服务的其他特征的标志或标记组成的商标；

（d）仅由已成为日常用语或诚信和公认的行业惯例的标志或标记组成的

---

* 本译文根据世界知识产权组织官网发布的希腊商标法英语版本翻译。——译者注

商标；

（e）仅由产品自身的性质产生的形状、为获得技术效果而必要的产品形状或者使产品具有实质性价值的形状构成的标志；

（f）违反公共秩序或道德准则的标志；或

（g）在有关商品或服务的性质、质量或地理来源方面具有欺骗公众性质的标志。

（2）下列标志同样不得作为商标注册：

（a）旨在区分包含受欧盟法律保护的地理标志、没有特定来源的指定葡萄酒或烈酒的标志；或

（b）包含或由根据欧洲法律注册且涉及同类产品的原产地名称或地理标志组成的标志，如果该商标注册申请是在农产品和食品的原产地名称或地理标志注册申请日之后提交的。

（3）商标不得是：

（a）《保护工业产权巴黎公约》（以下简称《巴黎公约》）[第 213/1975 号法律（A' 258）]第 6 条之三所涉且符合本条规定的希腊和其他国家的国家名称、国旗、国徽、标志、纹盾、符号和标记以及具有重大象征意义和特定公共利益的标志，尤其是宗教标志、符号和文字；或

（b）违背诚实信用或基于恶意申请的标志。

（4）尽管有第（1）款（b）项、（c）项和（d）项的规定，但截至申请日因使用而获得显著特征的标志，仍可作为商标获准注册。

第 124 条 驳回的相对事由

（1）下列标志不得注册：

（a）如果与在先商标相同，并且申请商标注册的商品或服务与受在先商标保护的商品或服务相同；

（b）如果由于与在先商标相同且商品或服务类似，或与在先商标近似且商品或服务相同，或与在先商标近似且商品或服务类似，有引起公众混淆的风险，也包括与在先商标相关联的可能性；或

（c）如果与享有盛誉的在先商标相同或近似，并且在后商标的使用可能无故不当利用在先商标的显著特征或声誉，或损害其显著特征或声誉，无论在后商标是否旨在区分使用在先商标的类似商品或服务。

（2）在本法中，在先商标指：

（a）顾及与该类商标有关的优先权主张，在商标申请日之前已注册的商标，包括在希腊和欧盟受保护的国际商标；

（b）获准注册的商标申请，包括上述国际和共同体商标；或

（c）根据《巴黎公约》第 6 条之二的规定，在商标申请日或必要时商标注册申请所主张的优先权日，该商标为驰名商标。

（3）不接受注册的标志：

（a）与未注册商标或贸易中使用的任何其他显著标志或特征的权利相抵触，该所有人有权禁止使用的在后商标，但前提是该等权利是在后一标志提出注册申请之前获得的，同时考虑任何优先权主张；

（b）与第三方在先人格权或本法规定之外的在先知识产权或工业产权相冲突的；

（c）申请人的恶意可能导致与申请时已在国外注册并使用的商标混淆的。

（4）在商标局、商标管理委员会或行政法院审查商标的任何阶段由在先商标所有人提交的附条件或不附条件的同意书，可消除本法第 124 条第（1）款规定的注册限制。

第 2 章　权利内容；保护范围

第 125 条　权利内容

（1）商标注册赋予其所有人专有权。具体而言，其规定了使用权；有权将商标贴附于产品上以示区分，标示其所提供的服务，将其贴附于产品封面和包装、书写纸、发票、价目表、告示、各种广告以及任何其他印刷品，并将其用于电子或视听媒介。

（2）下列情形也应视为商标使用：

（a）不改变其显著特征，以不同于其要素的方式使用商标；

（b）在希腊专为出口而在产品或其包装上贴附商标；或

（c）经所有人同意而使用其商标，及获授权人使用集体商标。

（3）商标所有人有权禁止任何第三方未经其许可在贸易中使用：

（a）相同商品或服务中与注册商标相同的任何标志；

（b）因与使用在相同或类似商品或服务中的商标相同或近似而可能引起混淆包括产生关联的任何标志；或

（c）与声誉商标相同或近似且其使用可能无故不当利用或损害该商标的显著特征或声誉的任何标志，无论该标志是否旨在区分使用在先商标的类似商品或服务。

（4）商标所有人有权阻止任何第三方：

（a）假冒或仿冒产品仅通过希腊领土运往另一个国家或为转口而进口；

（b）在商标所有人生产的旨在以匿名方式流通的正版产品上贴附商标；

（c）将正版产品中的商标去除，并以匿名或其他商标在市场上销售。

第 126 条　保护的限制

（1）商标授予所有人的权利不得阻止任何第三方在贸易中使用：

（a）其名称、姓氏、商号和地址；

（b）表明种类、品质、用途、价值、地理来源、生产商品或提供服务的时间或有关其他特点的标识；

（c）商标本身，如果系表明产品或服务的用途所必需，特别是涉及附件或备件时，如果该使用符合诚实的工商业惯例。

（2）商标所赋予的权利，不得阻止第三方在贸易中使用适用于特定区域的在先权利，如果该权利是在其获承认的领土范围内行使。

第 127 条　容许导致的权利丧失

（1）第 124 条第（2）款和第（3）款分别所指的在先商标所有人或其他权利人在知情的情况下连续 5 年容许他人使用该商标的，无权禁止针对商品或服务使用其曾使用的在后注册商标，除非在后商标申请是出于恶意而提出的。

（2）就第（1）款而言，在后注册商标的所有人无法禁止对在先商标或其他权利的使用。

第 128 条　权利用尽

（1）商标赋予的权利不能授权其所有人禁止由其本人或经其同意、已投放欧洲经济区市场贴附该商标的商品使用该商标。

（2）所有人有正当理由阻止其进一步销售，特别是在商品投放市场后状态发生变化或受损的，不适用第（1）款。

第 129 条　弃权声明和限制申请

无论是否存在未决程序，申请人可以在任何时间：

（a）声明其放弃对所申请商标的某些非必要元素的任何专有权；或

（b）声明其对申请表中提及的商品或服务进行限制。

第 130 条　商标申请或注册的分案

（1）商标申请人或所有人可以通过声明原始申请或注册中包含的某些商品或服务将成为一项或多项分案申请或注册的客体，以分案申请或注册。分案申请或注册中的商品或服务不得与原始申请或注册中保留的商品或服务重叠。

（2）每项分案申请或注册的优先权时间可以追溯到原始申请的申请日。

（3）对注册提出异议或无效或撤销申请的，不得接受分案声明。在有关决定成为最终决定或以其他方式最终终止程序之前，该分案声明针对异议或无效或撤销请求所针对的商品或服务具有提出分案的作用。

第 3 章　作为财产的商标

第 131 条　转　　让

（1）针对已申请或注册商标所涉全部或部分商品或服务的商标权或商标申请权，可以在生前或死后转让，而与企业的移转无关。

（2）若无相反约定或相关情况明确要求，企业整体移转应包括商标转让。

（3）转让须订立书面协议，并且只有在其录入商标注册簿后，才对第三方有效。

（4）在商标局或商标管理委员会或主管行政法院或国务委员会审理案件期间转让商标的，特别继受人或普通继受人有权进行额外干预。

（5）在行政上诉法院审理之前，申请人可以在转让之后取得在先商标，而该在先商标使其待判决的申请无法注册，由此在商标注册簿中登记转让可自动消除阻止登记的理由。仅出示表明转让的商标记录副本，行政法院就必须顾及上述转让。

第 132 条　许　　可

（1）可以在部分或全部希腊领土上就希腊注册的部分或全部商品或服务

颁发商标许可。许可可以是独占的或非独占的。许可协议必须为书面形式。商标所有人通过其声明，或者被许可人经所有人授权，可请求在商标注册簿中登记该许可。

（2）商标所有人可以援引该商标赋予的权利对抗违反许可合同中下列任何条款的被许可人：

（a）使用期限；

（b）注册所涵盖的商标使用方式；

（c）许可使用的商品或服务种类；

（d）可贴附该商标的地域；或

（e）被许可人生产的产品或提供的服务的质量。

（3）双方当事人可约定，使用商标的被许可人有权按照第（1）款的程序和条件进一步授予分许可。

（4）只有在商标所有人同意的情况下，被许可人才可以独立提出商标侵权诉讼。但是，除非另有约定，否则商标所有人在被正式催告后未在适当期限内自行提起侵权诉讼的，独占许可的持有人可以独立提起该诉讼。

（5）商标所有人提起诉讼的，被许可人可以介入并寻求弥补其所遭受的损失。

（6）商标许可协议的期限或修订应相应地记录在商标注册簿中。

（7）商标所有人关于使用许可期满的声明会自动导致注册簿中登录的许可失效。

第133条　物权；强制执行；破产程序

（1）商标可以作为担保，也可以作为物权标的。

（2）商标可以强制执行。

（3）商标属于可供分配的资产。

（4）在破产的情况下，应受托人请求，前款有关商标的程序，录入商标注册簿。

第4章　注册程序

第134条　商标申请的提出

国内商标注册需向商业和工业产权局（发展、竞争力和运输部、商标局）

提交申请（附件5）。

第135条　申请日的授予条件

（1）商标申请书中需附已经缴纳申请费的证明文件，并且必须包含：

（a）商标注册申请；

（b）商标的印刷；

（c）申请人的姓名、住所、电话号码和电子邮件地址；申请人是法人的，应注明其公司名称和所在地，而非姓名和住所；申请人是多人的，应指定一名共同代理人；

（d）商标欲区分的商品或服务清单，按类别分类并附特定类别说明，按产品或服务分组。

（2）申请提交日是第（1）款所列文件的提交日期。

第136条　提交申请的其他形式要件

（1）除第135条第（1）款规定的资料外，商标申请文件中还必须包含：

（a）申请人的签名，或其律师的签名；

（b）主张优先权的，在先申请提交的日期及其有效的国家；

（c）由律师代理申请人的，其姓名、地址、电话号码和电子邮件地址；

（d）由律师提交申请的，需要书面授权；有申请人对此授权书的签名即可，无须确认其真实性；

（e）出于诉讼目的指定代表的，其地址、电话号码和电子邮件地址；

（f）商标是声音、彩色、三维或集体的，表明该等特征；且

（g）商标使用希腊字母和拉丁字母以外的其他字符书写的，在附录中用希腊字母或拉丁字母对这些字符进行转写。

（2）必须通过向有关部门提供数字音频光盘或其他适当的电子存储介质，以电子形式提交商标的申请和印刷。

（3）附有商标印刷的申请，如果其日期和签署符合第150/2001号总统令（A'125）第3条第（1）款的含义，也可以通过电子方式提交。寄件人收到由商标局根据第134条出具的具有上述意义的先进电子签名的电子收据的，视为已提交通过电子方式发送的包含第135条第（2）款规定资料的商标申请和印刷。

（4）行政改革和电子治理部、财政部以及发展、竞争力和运输部部长可

通过共同决定，规定条款、条件、程序、技术规格、技术管理和与实施第（3）款有关的任何事项。

第 137 条　申请的审查

（1）申请含有编号，并随附提交申请的日期和时间，录入商标注册簿，并发布在商务秘书处的网站上。

（2）每份申请均创建一项电子记录，其内容由发展、竞争力和运输部部长决定，至少包括下列要素：注册号，申请日期和时间，商标的印刷，申请人的姓名和法人的名称，以及按时间顺序记载有关申请、异议、申诉的决定的提述，涉及撤销或无效的申请和相关决定的提述，有关记录在商标申请中的行为的提述；由单独条款规定在商业秘书处网站上发布上述信息。

第 138 条　形式要件的审查

（1）商标局审查：

（a）申请是否符合第 135 条规定的申请日条件；和

（b）申请是否符合第 136 条规定的条件。

（2）申请不符合第 135 条和第 136 条规定条件的，商标局应要求申请人在 1 个月内纠正或完善已确定的错误或缺陷。

（3）申请人在截止日期之前按照商标局的要求纠正或完善了与第 135 条相关的错误或缺陷的，商标局将该申请文件提交之日认定为申请日。否则，商标局认为该注册申请虽已提交却未完成审查。

（4）申请人在规定期限内未纠正或完善与第 136 条相关的错误或缺陷的，商标局应驳回该商标申请，并将有关决定告知申请人。

第 139 条　驳回事由的审查

（1）不存在第 123 条或第 124 条第（1）款和第（3）款规定的驳回事由的，商标局应接受注册申请，并负责以任何适当方式（首选电子邮件或传真）将相关决定通知申请人或其代理人；同时，在确定申请日后的 1 个月内，将相关决定发布在商务秘书处的网站上。

（2）商标局经检索确认申请文件中全部或部分商品或服务所涉商标不符合第 123 条或第 124 条第（1）款和第（3）款规定的，应要求申请人自接到通知之日起 1 个月内，撤回申请、限制该商标的保护范围使其符合条件，或者提交其意见。

（3）申请人限制商标的保护范围从而达到合规程度，或者其意见有效的，商标局接受该申请，并在申请人提交限制或意见之日起 1 个月内将该决定发布在商务秘书处网站上。

（4）申请人未在规定期限内作出答复，或撤回其申请，或限制商标保护范围使其符合规定，或其意见被认为不可接受且无效的，商标局将驳回该申请。商标局负责以任何适当方式（首选电子邮件或传真）将驳回决定通知申请人或其代理人；同时，将相关决定发布在商务秘书处的网站上。

（5）审查员、商标局的雇员，应负责就绝对驳回事由的审查以及注册或驳回申请作出决定。

第 140 条　异　　议

（1）审查员根据第 139 条第（1）款和第（3）款接受申请注册的决定可能会自该决定在商务秘书处网站上发布后 3 个月内，因注册与第 123 条或第 124 条第（1）款和第（3）款规定的一项或多项事由相悖而受到异议。

（2）如果存在第 123 条规定的绝对事由，任何拥有合法权益的人都可以提出异议。根据第 2251/1994 号法律，商会和消费者协会拥有合法权益。

（3）存在第 124 条第（1）款和第（3）款规定的相对事由的，在先商标所有人或其他权利人可提出异议；经该等商标所有人授权的被许可人也可根据第 132 条规定的条款和条件提出异议。

（4）异议应通过文件向商标局提交，商标管理委员会负责对该异议作出决定。在缴纳异议费之前，不得将其视为已正式提出。

第 141 条　异议资料

异议申请应附有缴纳异议费的证明文件，并包含下列内容：

（a）所针对的申请号及其所有人的资料；

（b）异议的理由，确认在先商标或权利以及异议所针对的商品和服务；和

（c）提起异议所涉商品或服务的详细说明。

第 142 条　异议的审查

（1）商标局应及时将已收到按时提交的异议申请及其登记号和商标管理

委员会开会审查的日期通知异议人。由异议方承担责任，执达官应在商标管理委员会召开会议之日前 10 日，将认证的异议书副本（包含进行讨论和评议的记录）传达给申请人或其代理人（视情况而定）。

（2）异议的补充理由可以在审查异议的商标管理委员会召开会议的 15 日之前提出。由异议方承担责任，执达官应在商标管理委员会召开会议前 5 日，将认证的附有补充理由的副本传达给申请人或其代理人（视情况而定）。

（3）对于异议的审查，适用第 145 条的程序。

（4）商标管理委员会根据现有证据裁决异议。

（5）对异议的审查表明，针对已申请共同体商标注册的部分或全部商品或服务的商标申请不可注册的，关于该等商品或服务的申请应予以驳回。否则，应驳回异议。

第 143 条　使用的证明

（1）应申请人要求，异议人作为第 124 条第（2）款范围内在先商标的所有人，应提供证据证明在后一商标注册公告日之前的 5 年内，在先商标已在注册的商品或服务上真实使用，从而构成异议理由；或者证明在后一商标注册的公告之日，在先商标虽已注册不少于 5 年，但有正当理由不使用。

（2）在商标管理委员会对异议进行审查期间，应提交证明真实使用的请求，否则不予承认。在该情况下，委员会主席应向异议人提供至少 20 日的时间，自听审之日起算，使其可以为所要求的使用提供证据。该期限届满后，应将有关证据告知商标申请人，以便其可以在 15 日内提出意见。委员会应根据双方当事人提供的证据和辩论意见审查案件。

（3）在先商标仅用于其已注册的产品或服务的一部分的，为了审查异议，其将被视为仅在该部分产品或服务上注册。

（4）异议人不能证明真实使用其商标或有合理理由不使用该商标的，应在不事先审查案件实质的情况下驳回异议。

第 144 条　商标管理委员会的程序

（1）商标局全部或部分驳回商标申请决定的，可自决定公布之日起 60 日内提出申诉。

（2）申诉书与提交给商标局的文件一并提交，由商标管理委员会审查。

（3）商标局应立即告知申诉申请人已按时收到申诉书，以及其编号和商标管理委员会召开会议的日期。

（4）可以在商标管理委员会开会审查的 15 日前提交异议并补充理由。

（5）对于申诉的审查，适用第 145 条的程序。

第 145 条 　商标管理委员会

（1）商标管理委员会位于雅典，在发展、竞争力和运输部由商标局局长声明指定的会议室召开会议。商标管理委员会负责认可或驳回异议、依据本法第 144 条提出的申诉、无效或撤销的申请、介入，以及商标局与商标申请人或所有人之间在实施本法过程中产生的任何争议。

（2）商标管理委员会以三人组成的小组运作，第一名成员由国家法律委员会的一名法官担任主席；第二名成员为商务秘书处的高等院校毕业生，最好具有法学学位或工学学位，有商标局的工作经验；第三名成员具有法学学位，是第 2190/1994 号法律第 14 条范围内商务秘书处以外的公务员。主席依法指定一人介绍由商标管理委员会有关部门审理的案件。商标管理委员会主席将案件分配给委员会各小组。

（3）委员会会议公开进行，并保存会议记录。委员会于每年年初按委员会主席指定的日期和时间开会，并通告在商标局外面和商务秘书处的网站上。以商标局局长拟定的案件清单为基础进行审理。案件清单在听证日的 8 日前张贴于商标局外。

（4）商标管理委员会成员的任期为 2 年，可连任一次。商标管理委员会主席和成员独立履行职责，但可能会因履职中的严重问题，尤其是违反公正原则、无故不履行职责、拒绝或延迟执行任务，而被发展、竞争力和运输部部长解除职务。

（5）商标管理委员会成员不得参与商标局关于同意或驳回注册申请的决策。

（6）有关各方由律师代理，律师可以向委员会提出书面意见，并提交任何适当的文件以支持其案件。当事人缺席不意味着承认。委员会视同当事各方在场而作出裁决。委员会接受按行政诉讼法［第 2717/1999 号法律（A' 97）］规定提供的证据。向裁判官、公证人或执政官宣誓的书面陈述，可在向对方当事人发出到场传票 48 小时之内提交。委员会可允许对证人进行听审。

（7）委员会以多数票作出决定，并应具体说明理由。

（8）接受商标注册决定的摘要发布在委员会秘书处的网站上。商标局将

驳回决定通知有关当事方或其代理人。

（9）享有合法权益的任何人均可向商标管理委员会请求介入。通过向商标局提交文件进行介入，由介入者承担责任，执达官在委员会召开会议前5日将有关情况告知争议当事人。

第146条　行政法院的程序

（1）对商标管理委员会的决定，可以在其宣布后60日内向行政法院提起诉讼。

（2）起诉具有中止效力。

（3）在行政法院审理期间，提起诉讼的一方可要求商标管理委员会程序中的当事人申请介入，否则将拒绝听审。一旦按上述规定请求其介入的，该等当事人不享有异议权，但发生不可抗力的情况除外。

第147条　注册；商标注册簿

（1）审查员、商标管理委员会和行政法院的决定，向审查员和商标管理委员会提交的申请资料，以及法律救济，均应记载于商标注册簿中，并发布在商务秘书处网站上。商标通过审查员和商标管理委员会的无误决定或法院的终局判决被核准注册的，商标注册簿中会记录"已注册"一词，以及该商标所涉商品或服务的任何变更。与注册商标异议有关的任何法律文件，均应根据争议各方的责任录入商标工作簿或注册簿。

（2）被接受的商标视为自注册申请日已获注册。商标和商标权的所有合法变更均记录在商标注册簿中。

（3）商标注册簿是公开的。任何人经申请均可获得注册的副本或摘录。

（4）商标注册簿可以为电子形式（电子商标注册簿）。由发展、竞争力和运输部部长作出决定，规定条款、条件、注册程序、技术规格、技术管理以及与建立和维护电子商标注册簿有关的任何其他事项。决定确定电子商标注册簿开始运行的，即废除商标注册簿。

第148条　保护期限；续展

（1）商标保护期限为10年，自商标注册申请日次日起算。

（2）商标所有人可每隔10年提交一次申请，并按时缴纳续展费，延长其商标的保护期。

（3）续展费在保护期的最后一年缴纳。费用增加一半的，续展费也可以在 10 年期满后的 6 个月内缴纳。

（4）在分别符合第 171 条第（3）款和第 175 条第（2）款规定的情况下，如果在第（3）款所述期限内未缴纳法律规定的续展费的，商标将予以注销。

（5）关于延长保护期和反对根据第（4）款予以注销的任何争议，由商标管理委员会应利害关系人的请求予以处理。

第 149 条　权利的恢复

（1）商标局或商标管理委员会程序中的申请人、商标所有人或任何当事人，尽管已根据情况采取了一切应有的谨慎措施，但因为不可抗力或不可预见的情况或任何其他非本人担责的重大事由，仍未能满足商标局或商标管理委员会有关时效的要求，如果合规的障碍直接导致了任何权利或救济措施的丧失，可以请求重新确认其权利。

（2）第（1）款不适用于异议的时效以及根据第 177 条第（2）款主张优先权的时效。

（3）根据具体情况，在合规的时效障碍消除后 2 个月内，并且无论如何应在未遵守的时效届满后 1 年内向商标局或商标管理委员会提交恢复权利的申请。

（4）该申请须缴纳费用。

（5）商标申请人或所有人的权利被重新确认后，不得援用其权利对抗在未遵守的时效届满至商标管理委员会发布重新确认其权利决定之日期间善意获得权利的第三方。

（6）不提交续展请求的，应从第 148 条第（3）款规定的 1 年期限中扣减附加的 6 个月。

第 5 章　侵犯商标权

第 150 条　侵权主张

（1）违反第 125 条规定使用或以其他方式影响他人商标的，可被起诉责令停止正在实施或即将实施的侵权行为，并被判令支付赔偿金。

（2）除要求停止侵害外，所有人可请求下列事项：

（a）从市场上收回被认定侵犯商标权的产品，并在必要时收回主要用于

侵权的材料；

（b）去除违法商标或显著标志，或者在无法去除的情况下，从市场上永久收回贴附该违法标志的产品；及

（c）予以销毁。

若无特殊理由提出相反主张，法院则下令执行上述措施，由商标侵权人承担费用。

（3）法院认定不作为构成犯罪的，可判处针对每项侵权行为向所有人支付 3000—10000 欧元罚金及 1 年以下监禁。判决在禁令期间作出的，同样适用这一规定。否则，适用民法典第 947 条的规定。

（4）所有人也可以对其服务被第三人用于侵权的任何中间人行使第（2）款（a）项规定的权利。

（5）侵犯他人商标的，必须支付赔偿金并承担精神损害赔偿。

（6）金额也可以根据侵权人向所有人申请使用许可时本应支付的权利费或其他费用来计算。

（7）在计算赔偿额时，法院尤其应考虑所有人遭受的负面财务影响和利润损失以及商标侵权人获得的任何利益。

（8）责任人无过错的，所有人可以主张获得责任人未经许可从商标使用中受益的金额，或者偿还其从该使用中获得的利润。

（9）不论金额大小，应向有管辖权的独任一审法院提起诉讼，并按普通程序进行审理。自首次侵权当年年底起 5 年后，禁止提出索赔。诉讼时效中止后，新的时效期间自中止发生之年期满起算。

（10）发生其他主张的，亦可向有管辖权的一审法院合议庭提交第（1）款的主张。

（11）在相同商品或服务上使用相同商标，且商标要素虽有变化却不改变其独特性的，出示诉争商标的注册证书足以充分证明构成侵权。

第 151 条　证　　据

（1）一方当事人充分出示足以支持商标侵权主张的现有证据时，如果其援引受被告控制的证据，法官可以应当事人的请求责令被告出示该证据。出示有违法标志的大量商品的，视为有效证据。

（2）商标在商业规模上受到任何侵害的，法院亦可应当事人的请求，责令被告提交其控制的银行、财务或商业文件。

（3）在任何情况下，被告请求提供信息的，法院应采取适当措施切实保护机密信息。

（4）在商标侵权案件中，基于任何一方当事人与诉讼同时提起或在临时措施程序中单独提起的合理请求，即使在开庭审理日之前，法院亦可责令被告提供影响该商标的商品或服务的来源和经销网络的信息。上述规定同样适用于下列任何其他人：

（a）被认定以商业规模拥有非法商品的；

（b）被认定以商业规模使用侵权服务的；

（c）被认定以商业规模提供服务用于侵犯商标的；或

（d）由他人妥为指定按照上述 3 种情形以商业规模积极参与生产、制造或经销商品或者提供服务的。

（5）第（4）款所涉信息应酌情包括：

（a）产品或服务的生产商、制造商、经销商、供应商和其他先前的所有人以及作为接收人的批发商和零售商的名称和地址；

（b）有关生产、制造、交付、接收或订购的数量以及上述商品或服务价格的信息。

（6）民法典第 401 条和第 402 条所涉人员可以拒绝提供上述要求的信息。

（7）第（3）款和第（4）款规定的适用不影响下列规定的适用：

（a）赋予所有人获得更完整信息的权利；

（b）在民事或刑事诉讼中调整依据第（3）款和第（4）款传达的信息的使用；

（c）调整滥用信息权的责任；或

（d）调整信息源的保密或个人数据的处理。

（8）一方被要求却无故不提供第（1）款和第（2）款所列证据的，其对要求提供或披露证据的另一方的指控的举证答辩视为承认侵权。

无正当理由违反第（1）款至第（3）款所述法院命令的，应处以 5 万—10 万欧元的罚款并承担诉讼费用。

（9）负责提供信息的一方提供失准信息的，无论出于故意还是重大过失，均应对由于特定原因造成的损失负责。

（10）根据本条获得的信息不可用于起诉提供信息的人。

第 152 条　司法费用

就本法而言，一般费用包括常规费用和任何其他相关费用，如证人费用、律师费，当事方的专家和技术顾问的费用以及寻找侵权人的费用，应由败诉方*妥为支付。其他方面，适用民法典第 173 条至第 193 条的规定。

第 153 条　保全措施

（1）任何人都有权针对正在或即将实施的侵权行为，申请保全措施。

（2）所有人可以请求扣押或临时退回贴附侵权标志的商品，以防止其进入经销网络或销售。

（3）针对商业规模侵权，如果所有人证明存在可能危及常规诉讼请求的赔偿金支付的情况，并妥为提供可证明其商标正在或即将受到侵害的有效证据，管辖法院可命令保全性地扣押被告资产，并冻结其银行账户。为此，需要侵权者提交其银行、财务或商业文件，或在保护机密数据的前提下允许适当地使用相关信息。

（4）可以不事先审理被告而责令采取前述各款的保全措施，尤其是任何延误将会给商标所有人造成不可弥补的损害时。

（5）为了使法院采取上述措施，可以要求申请人提供任何适当的有效证据，从而认定该权利正在或即将受到侵害。在任何情况下，第 154 条第（4）款至第（7）款均适用于这一情形。

（6）被请求采取保全措施的人提交的商标申请，不得阻止针对其的任何保全措施。

（7）发现商品或所提供服务的区域的独任一审法院有权与上述侵权货物或服务的公司所在区域的法院共同准许保全措施。

（8）所有人可以针对服务被第三方用于侵犯其商标权的中介人申请保全措施。

第 154 条　证据保全措施

（1）根据现有证据，侵犯或威胁侵犯商标的行为有充分可能性，且任何

---

　　* 此处"败诉方"的原文为"successful party"，译为"胜诉方"，结合上下文语境，此处应改为"败诉方"（losing party）。——译者注

拖延均会对商标所有人造成不可挽回的损害，或存在销毁证据的实际风险的，作为预防措施，初审法院独任法官可下令没收被告持有的非法产品，并酌情没收构成侵权手段的材料和工具，或任何侵权产品或证据。法院可以不扣押，而是命令对该等物品进行详细清点和拍照，对上述产品进行取样，并获取相关文件。在该等情况下，法院可以根据民法典第 691 条第（2）款的规定，在不传唤禁令所针对的人的情况下对该请求作出决定。

（2）如果上述措施对申请人证明商标侵权的主张是适当的，法院应下令采取上述措施，同时确保机密信息的保护。

（3）所有人的请求无须对证据进行详细的确认，按类别确认即可。

（4）采取上述措施而不听取被告意见的，被告会收到提供信息的通知书，该通知书最迟在临时保护措施执行后的第一个工作日内发出，否则构成该措施的程序行为无效。

（5）法院可根据其自行设定或附加在禁令上的担保，命令采取上述措施，申请人提供担保是为了确保恢复被告因这些措施可能遭受的损失。

（6）在第（1）款的情况下，法院为主案件的诉讼设定不超过 30 日的强制性期限。期限届满的，保护措施自动失效。

（7）如果上述禁令因申请人的任何作为或不作为而被撤销或停止适用，或经追溯确定商标所有人的权利不存在被侵犯或被威胁侵犯的情况，法院可根据被告的申请，责令申请人全额赔偿其损失。

第 155 条　比例性

第 150 条至第 154 条规定的条例、制裁和措施均应遵循比例原则。

第 156 条　制　　裁

（1）有下列情形之一的，一经定罪，应处以 6 个月以上监禁，并处至少 6000 欧元的罚金：

（a）故意使用商标违反第 125 条第（3）款（a）项或（b）项的；

（b）违反第 125 条第（3）款（a）项规定，使用声誉商标意图利用或损害其声誉的；

（c）故意投入流通、拥有、进口或出口带有另一所有人的商标的商品，或以另一所有人的商标提供服务的；或

（d）故意实施第 125 条第（4）款（a）项、（b）项和（c）项规定的行

为之一的。

（2）所寻求的利益或第（1）款所述行为威胁的损害非常重要，且存在商业规模利用，或被告以职业方式实施该等行为的，应处以至少2年的监禁和6000—30000欧元的罚金。

（3）使用第123条第（3）款（a）项所指符号和标志的，由法院依职权起诉，处以不超过2000欧元的罚金。

第157条　判决的公布

（1）涉及本法第3部分规定权利的民事判决或刑事终审判决，可应申请人的请求，并由侵犯商标权的一方承担费用，命令采取适当措施，公布判决相关信息、张贴判决书、在媒体或互联网上全部或部分公布。法院应在尊重比例原则的情况下，决定适当的信息提供方式。

（2）自判决公布之日起6个月内未采取判决公开措施的，该请求权即告消灭。

第158条　民事法院的管辖权

（1）民事法院没有管辖权，根据本法规定，商标局、商标管理委员会和行政法院拥有管辖权。

（2）对商标局和商标管理委员会的决定没有上诉权，行政法院根据本法作出的终局判决，对民事法院或任何其他机关具有约束力。

第6章　放弃、无效和撤销

第159条　权利放弃

（1）商标权因所有人声明放弃其注册的全部或部分商品或服务而消灭。

（2）放弃应由所有人以书面形式向商标局声明。只有在商标局注册簿上登记后方生效力。

（3）如果已授予使用许可，只有在所有人表明被许可人已被告知所有人意图放弃对商标的权利时，放弃声明才被接受。

第160条　权利撤销

（1）有下列任一情况的，所有人丧失全部或部分权利：

（a）在商标注册后 5 年内，所有人未针对商标注册的商品或服务真实使用商标，或连续 5 年暂停使用该商标的；

（b）由于所有人的作为或不作为，该商标已成为该商标注册的产品或服务的通用名称的；或

（c）由于所有人对其注册的商品或服务进行使用或经其同意进行使用，该商标有可能误导公众，特别是在该等商品或服务的性质、质量或地理来源方面。

（2）无效理由只存在于该商标所注册的部分商品或服务上的，该商标应仅就该等商品或服务宣布无效。

（3）有下列任一情况的，不导致无效：

（a）所有人表明不使用商标具有合理理由的；或

（b）商标所有人在 5 年不使用期间届满和提出无效申请之间的间隔期间，开始或恢复真实使用的。在提出申请前 3 个月内开始或恢复使用，且申请最早是在连续 5 年不使用期间届满时提出的。如果准备开始或恢复使用是在所有人知道可能提出无效申请之后进行的，不予考虑。

（4）因无效而作出商标去除决定的，其效力自决定成为最终决定之日起开始。

（5）关于商标无效的最终决定应录入商标注册簿，并将商标从注册簿中删除。

第 161 条 商标无效

（1）违反第 123 条和第 124 条规定的，商标无效；已注册的，予以注销。

（2）注销理由仅涉及其注册的部分商品或服务的，该商标仅针对具体商品或服务被宣告注销。

（3）在提出注销申请时不存在第 123 条第（1）款（b）项、（c）项、（d）项规定的驳回理由的，不得宣布注销该商标，因为该商标通过使用已具有显著性。

（4）内部市场协调局根据欧盟理事会第 207/2009/EC 号条例（L 78）第 34 条和第 35 条已接受优先权申请的国家商标，即使在此之前已放弃较早的国家商标或未续展保护，亦可被注销。

（5）作出注销商标决定的，其效力自决定成为最终决定之日起生效。

（6）关于商标注销的最终决定应录入商标注册簿，并将商标从注册簿中删除。

第162条 无效或注销的程序

（1）撤销或无效的申请，由任何有合法权益的人在商标局登记的文件中提出，并由商标管理委员会审查。

（2）商标局应立即通知申请人收到注销申请、归档编号和审查该申请的商标管理委员会的开会日期。

（3）任何人无权以第124条的理由申请无效，因为该等理由应在注册过程中提出，且该等理由是由商标管理委员会或行政法院根据诉讼程序在异议人和商标所有人之间作出决定。

（4）商会和消费者协会或其成员仅可在第123条和第160条第（1）款（c）项的情况下提出撤销或无效申请。

（5）审查注销或无效申请的，适用第145条的程序。

（6）应商标所有人的商标无效请求，在先商标所有人请求无效的，必须证明在提出无效申请之日前5年内，在先商标一直针对注册的商品或服务有效使用，并援引该等商品或服务作为无效申请的理由，或者有正当理由不使用该商标，因为此时在先商标至少已注册5年。不能证明上述情况的，驳回无效申请。在先商标只在已注册的部分商品或服务上使用的，在注销申请的审查中，视为仅针对该部分商品或服务注册。关于提交在先商标使用证明申请的程序和商标管理委员会主席规定的期限，参照适用本法第143条第（2）款的规定。因违背诚信或恶意注册而提出的撤销申请，在商标保护期内均可提出。

第7章 集体商标

第163条 保护条件

（1）根据相关适用法律具有法定资格的合作社和制造商、生产商、服务提供商或贸易商协会以及受公法调整的法人，可以提出商标注册申请，以区分其成员的商品或服务的来源或此类商品或服务的地理来源、种类、质量或特性。

（2）由于集体商标包含地理标志，因此应在法人章程中规定，其商品或服务来自同一地理区域并符合集体商标使用条件的任何人均可成为该法人的成员并使用该集体商标。

（3）由地理标志构成的集体商标，并未赋予其所有人阻止第三方，尤其是获许使用地理名称的第三方，使用该等符号或标志的权利，但该等第三方的使用应符合诚实的贸易惯例。

（4）集体商标申请的提交必须随附使用规章，其中应包括名称、地址、用途、法定代表人的姓名、有权使用的成员名单以及关于会员使用商标的权利和义务的条款和条件。上述要素的任何变更，需要在使用规章中进行规定。

（5）除章程或使用规章另行规定外，集体商标注册所产生的权利属于法人所有人。

（6）集体商标应单独备存商标注册簿，且在任何时候，其申请和续展的权利费均比其他商标的权利费高 5 倍。

（7）使用集体商标必须标注"集体商标"字样。

（8）本法所有规定均适用于集体商标，但与本条规定相抵触的除外。

第 8 章　国际商标

第 164 条　《马德里议定书》的批准

（1）根据《马德里议定书》进行的国际商标申请，受第 2783/2000 号法律（A1）规定保护。

（2）除本章另有规定外，本法关于国内商标的规定亦适用于国际商标。

第 165 条　定　　义

就本法关于国际商标的规定而言，下列术语具有下列含义：

（a）转换申请，适用本法第 173 条；

（b）基础注册和基础申请，指本法第 166 条第（1）款（b）项所指的注册和申请；

（c）原属局，指代表《马德里议定书》缔约方负责商标注册的主管机构；

（d）国际申请，指向国际局提出的在国际注册簿中注册商标的申请；

（e）国际局，指世界知识产权组织的国际局；

（f）国际注册簿，指国际局为《马德里议定书》目的备存的商标注册簿；

（g）国际注册，指商标在国际注册簿中的注册；

（h）在希腊领土寻求商标保护的国际注册，指根据《马德里议定书》第

3 条之三第（1）款或（2）款请求在希腊领土延伸保护的国际注册；

（i）实施条例，指根据第 2783/2000 号法律（A1）批准的《马德里议定书》第 10 条通过的连带条例；

（j）国际商标簿，指本法第 171 条第（2）款所述的登记簿。

第 166 条　申请的提交

（1）对于希腊商标的国际注册，满足下列条件的，希腊被视为国际注册的原属国：

（a）申请人在希腊拥有真实和永久的工商业机构或住所，或者是希腊国民；且

（b）已提交商标申请，或者在希腊拥有注册商标。

（2）国际注册申请以法语或英语提交。

第 167 条　申请文件

国际注册申请书一式两份（附件 6），必须以实施条例规定的形式提交。应由申请人或其代理人按照随附的书面说明签名，并包含实施条例第 9 条中提及的必要信息。应通过 CD－ROM 或其他适当的电子存储介质以电子形式存档，并交付给主管局。

第 168 条　对形式要件的审查；申请的转送

（1）商标局受理国际注册申请后，审查其是否符合第 166 条规定的条件，给予其文号，并在其上注明收件日期和随附文件数量。

（2）国际注册申请连同附件应在收到后 2 个月内转送给国际局。

第 169 条　国际注册的日期

国际申请的注册由国际局完成。国际注册的日期为商标局收到国际申请的日期，但前提是国际局自商标局收到之日起 2 个月内以常规和完整的形式收到该申请。在此期间内未收到国际注册申请的，国际注册应以国际局收到该申请的日期为注册日期。

第 170 条　费用的缴纳

国际注册或续展及其任何变更的费用，均直接向国际局缴纳。

第 171 条 在希腊境内的国际注册保护程序

（1）商标局有权决定在希腊境内对国际注册提供保护。

（2）国际注册以及将其延伸至希腊境内的申请均以特定的印刷形式录入，并发布在商务秘书处的网站上。

（3）在希腊以国际注册的效力替代国内商标的，国际商标的实质性权利涉及该国内商标的注册日。

第 172 条 救　　济

（1）在根据第 144 条针对第 140 条项下的异议和第 162 条项下的无效或撤销向商标管理委员会提出申诉程序期间，国际注册的所有人，作为申请人或者救济申请所针对的被告，应指定所有通知均可送达的希腊境内的一名代理人和一名律师。上述规定同样适用于审查员通知申请人根据实施条例第 17.1 条暂时驳回，要求其根据第 139 条第（2）款提出意见的情形。对于国际商标，针对第 139 条第（2）款，期限为 3 个月。

（2）国际注册的申请人或所有人在第（1）款的程序中未指定代理人的，在商标管理委员会审理时不视为其在现场，而视为当事人在场。

（3）对国际注册申请有异议的，商标局应根据《马德里议定书》第 5 条和实施条例第 17 条，将作为暂时驳回的异议理由告知国际局。

（4）国际注册申请被驳回的，商标局应根据实施条例第 17.1 条和第 17.3 条将驳回通知国际局。通知中应随附希腊法律中申诉相关规定的英文或法文译本。申诉应自告知国际局暂时驳回之日起 90 日内提出。

第 173 条 将国际商标申请转换为国内申请的程序

（1）在希腊延伸的国际商标申请所依据的基础申请或基础注册自国际注册之日起 5 年内在原属国不再有效的，国际注册所有人可以在注册期满录入国际局商标注册簿中之日起 3 个月内，请求转换为国内申请。

（2）在上述 5 年期限之后失效的，亦应适用第（1）款的规定，但前提是 5 年期限内在原属国已主张救济。

（3）将国际注册转换为国内申请的，申请人应向商标局提出转换申请，并随附第 135 条第（1）款和第 136 条第（1）款所述文件以及国际局的证书；从国际注册簿中删除之前以及从国际注册簿中删除之日起，在希腊寻求国际

商标保护的商标和商品或服务源自该证书。

（4）酌情适用第 135 条和第 136 条，该申请以标准形式提交，并录入其商标注册簿中。

（5）《马德里议定书》第 5 条第（2C）款规定的期限届满，且没有采取救济的，该转换商标无须审查即可注册。该期限未满或已经通知暂时驳回的，由商标局酌情适用第 138 条和第 139 条审查转换申请。在希腊对国际商标保护的原始或随后延伸的申请在商标局、商标管理委员会或主管法院待决期间，中止相关程序，或者在提交转换申请后撤销审理。

（6）受理转换申请后，商标局裁决将国际注册从国际商标簿中删除。

（7）将国际注册转换为国内商标申请而产生的商标保护期限为 10 年，自国际注册之日起算；国际商标随后在希腊申请延伸的，自该申请录入国际注册簿之日起算。对于此类商标的续展，重要的日期是向商标局提交申请的日期。

第 174 条　国际商标无效或撤销的程序

（1）国际商标授予的权利由商标管理委员会或行政法院根据第 160 条和第 161 条规定的事由作出决定予以终止。决定具有终局性后，商标局通过声明告知国际局其商标所有人姓名、国际注册号、司法机关和无效程序、最终决定及其生效以及实施条例第 19 条所涵盖的商品或服务。

（2）申请人应在首次审理之日前 30 日通过包括传真和电子邮件在内的所有适当方式，将外交部或寻求禁令的一方翻译的国际商标无效或撤销申请通知书的英语或法语文本告知国际注册簿上所载的国际申请人或其代理人。如果已指定一名或多名希腊律师，执达官应仅向其告知法律文件，无须翻译。在指定的首次审理开始前 10 日，以与国际商标无效或撤销申请相同的方式告知其他事由。对于地方法官或公证人或执达官签发的传票，适用相同规定。

第 9 章　共同体商标

第 175 条　保　　护

（1）授予共同体商标的保护期不得短于授予本国商标的保护期。

（2）如果共同体商标的先有权基于已注册的本国商标，则已注册且有效的共同体商标的实质权利涉及本国商标的注册时间。

第 176 条　共同体商标转换为国家商标

（1）就共同体商标申请或共同体商标转换为国家申请而言，申请人向商标局提交转换申请，并随附第 135 条第（1）款和第 136 条第（1）款、第（2）款规定的文件，以及核准的翻译人员或机构对转换申请书和所附文件进行的希腊语翻译。

（2）提交该等文件的期限为 2 个月，自商标局通知商标申请人或所有人或其通过附有回执的确认信在转换申请中提及的希腊律师代理人之日起算。

（3）申请以标准格式提交，其形式和内容在标题为"共同体商标转换申请"的附件 8 中予以规定。将该申请录入相关的商标注册簿，酌情适用第 137 条、第 138 条和第 139 条的规定。

（4）因共同体商标申请转换或共同体商标转换为国家申请而产生的商标保护，涉及共同体商标申请的提交日或者申请或共同体商标的优先权日，最终涉及可针对本国商标主张的先有权。对于该等商标的续展，重要的日期是向内部市场协调局提交转换申请的日期。

第 10 章　外国申请人的商标

第 177 条　保　　护

（1）营业机构在希腊境外的商标所有人，受本法规定的保护。

（2）对于伴随优先权主张而提出的商标申请，根据《巴黎公约》（第 213/1975 号法律）规定，可在希腊商标申请日起不迟于 3 个月提交外国商标申请回执的确认书。

（3）为在希腊获得保护，还应根据本法规定提出申请。

（4）外国商标申请人或商标所有人对商标局或商标管理委员会的决定提出申诉的期限延长 30 日。该期限同样适用于本法第 138 条、第 139 条、第 143 条第（2）款和第 162 条第（8）款的规定。

（5）提交申请时，有第 136 条第（1）款（d）项所涉书面授权，并随附服从雅典法院管辖的书面声明即可。该声明可以由申请人的代理人提交给商标局的书面声明代替。

（6）随商标申请提交的外国文件应附有由依法确认的翻译人员或翻译机构翻译的希腊语文本。

第 10A 章　特别、过渡和最终条款

第 178 条　岗　　位

本法规定的岗位，发布于发展、竞争力、基础设施、运输和通信部秘书处的网站上。

第 179 条　规　　费

（1）国家规定的商标费用如下：

（a）商标申请备案费——110 欧元；

（b）第 10 类以前的每增加一类——20 欧元；

（c）提交转换共同体商标或国际商标或分案的申请——110 欧元；

（d）第 10 类以前的每增加一类——20 欧元；*

（e）商标保护续展——90 欧元；

（if）向商标管理委员会提交的司法救济、介入和申请的听证费——40 欧元；

（g）公司名称或法律状态、住所或总部的变更——50 欧元；

（h）商品或服务的限制——20 欧元；

（i）商标转让——90 欧元；

（j）商标许可——90 欧元；

（ia）第 129 条规定的权利限制登记，第 133 条第（1）款规定的物权登记和第 147 条第（1）款（b）项规定的司法契约登记——40 欧元；

（l）共同体商标申请的转换——15 欧元；

（m）国际申请的审查和转换——15 欧元；

（n）用国际商标取代本国商标——110 欧元；

（o）向商标管理委员会提交关于救济和申请的申诉——70 欧元；

（p）商标管理委员会的救济和申请费——40 欧元；

（q）恢复权利——110 欧元；

（r）商标复制——1 欧元；

（2）未按前款规定缴纳相关费用构成驳回的事由。

---

* 此处（d）项的内容与（b）项在原文中相同，未作修改。——译者注

（3）根据财政部部长与发展、竞争力、基础设施、运输和通信部长的共同决定，可以重新调整前款规定的国家收费标准。

第180条　商品和服务的分类

提出商标申请的商品和服务根据《商标注册商品和服务国际分类尼斯协定》进行分类，该协定已通过第 2505/1997 号法律（A 118）第 1 条批准。本法生效后，适用的分类规定在附随的附件9《商品和服务分类》中。

第181条　授权条款

发展、竞争力、基础设施、运输和通信部部长决定本法第3部分中的下列问题：

（a）商标管理委员会部门的数量；
（b）担任审查员的商标局雇员的甄选标准和条件；
（c）任命商标管理委员会各部门的成员及其候补人；
（d）一经完成将取代印刷版商标注册簿的电子版商标注册簿的备存条件；
（e）声音和三维商标的申请和审查方式；及
（f）与实施本法有关的任何事项。

第182条　过渡条款

（1）本法第3部分第4章、第7章和第8章生效时尚在商标管理委员会和行政法院审理的案件，受先前法律规定管辖。

（2）对本法颁布后6个月内发布的决定，享有根据先前法律规定提出申诉、介入和第三方诉讼的权利。对于商标管理委员会在6个月期满后发布的全部或部分驳回商标注册申请的决定，如果申请人参与了辩论并以案情陈述书支持接纳其申请，不得依据本法第144条提出申诉。

（3）关于时效的起算，适用触发上述规定的事件发生时的有效规定。

（4）只要预期的期间长于先前法律的规定，本法第3部分第4章、第7章和第8章生效之前已经开始的时效期间，应按照本法规定计算。

（5）在本法生效时尚未被撤销的（认可）的商标，应根据先前法律规定的注册条件进行审查。

（6）只有当第149条规定的导致任何权利或救济措施丧失的障碍产生于本法生效之后，方可适用该条关于恢复原状的规定。

（7）关于分案的规定适用于本法生效之前提交或注册的商标。

（8）关于根据第 124 条第（4）款向行政法院提交同意书的规定，亦涵盖本法生效时的未决诉讼。

（9）至本法生效时，与另一在先商标平行申请或注册的商标，是有效的，受本法保护。如果平行申请或注册依据的在先商标由于不予续展而不再有效，该平行申请或注册的商标状态不受影响，除非在先商标基于本法第 123 条和第 124 条规定的事由被不可逆地撤销。

第 183 条　废　　除

本法第 4 章、第 8 章和第 9 章以及第 179 条和第 181 条生效后，第 2239/1994 号法律（A 152）、第 353/1998 号总统令（A 235），第 20/27. 12. 1939 号皇室法令（A 553）第 9 条的规定以及与上述各章相悖或与其管辖事务相关的任何其他一般或特别规定，均予废除。对该等法律法规其余规定的删除，于本法在政府公报中公告之日起生效。